信天游

丁酉年范曾题

邹玉利 编著

人民邮电出版社
北京

2017

万类和睦　宇宙齐一

目录

和平之歌

凡國家大事、民族風情、英雄俊傑、山川形勝、文化傳統無不在方寸中展現。近數十年之國運，郵票具有記事史之大義。郵迷不論階層、地位、學識，蔚成吾國最大群體。又因信息時代來臨而趨弱者，實緣郵票自身之魅力超越實用，此間郵票之設計家、藝術家、工藝師厥功至鉅。

余有幸為祖國郵訊事業奉獻綿薄之力，所創作之畫圖端賴設計家、工藝家之襄助，始能獲各界郵迷之讚賞，耄耋之人有慰焉。人民郵電出版社精印本人所繪郵票為集，曷勝幸感喟，謹寄數語誌謝。

丁酉年八十翁范曾於北京

青鳥能傳雲外信

信息時代的來臨使人類通訊之往還，以空前迅猛速度發展。其利弊固非一言可盡，利在人際天涯咫尺，雖隔萬里聲音笑貌若在眼前，弊在世情翻覺淡漠。無等待期盼，若杜工部烽火連三月，家書抵萬金之歡欣。科技其為雙刃劍，於郵遞事業亦無例外。

吾國自春秋已有驛傳之制，彼時但為官府，未及於黎民百姓。歷二千餘年至清季始有郵局之設，中國以龍為民族之旌纛，是以龍為郵票為自然。及至近世郵局為維新派所重，普及於民間，而郵票之設

风雅三绝传天下

——贺《信天游——范曾先生与中国邮票》一书付梓……

李国华（中国邮政集团公司总经理）

季羡林先生对范曾先生十分推重，说他是画家、国学家、思想家。这一评价，在邹玉利先生新著《信天游——范曾先生与中国邮票》一书中都能一一得到印证。

邮票既是国家名片，又深得人民群众和广大集邮爱好者的喜爱，方寸之间，匠心独运，是很见作者功力的。从1979年到2015年，范先生应国家邮政部门的约请创作了七套邮票，作品之精、题材之广、数量之多、赞誉之盛，堪称奇迹。先生出身南通范氏诗文世家，在诗书画、文史哲诸领域，均能发前人之所未发。仅从邮票的创作上来讲，说范曾先生是大家，都是肯綮之论。

《信天游——范曾先生与中国邮票》一书的独到之处，在于既有范先生创作邮票的画稿，又详细披露了创作过程。如在《琴棋书画》创作中，先生选取高山流水、弈秋课徒、怀素临池、道子画壁四个场景，传递其间丰富内涵和艺术底蕴。又如在《古代书院（二）》邮票中，范先生以中国思想史上最为著名的哲学论辩——鹅湖之会为背景，表现宋代大哲朱熹、陆九渊设坛讲学、论经辩道，足见精湛的表现手法，再如《朱熹诞生880周年》纪念邮票……如此等等，信手拈来，妙趣横生，真是斫轮老手。

我相信，《信天游——范曾先生与中国邮票》一定会得到广大读者和藏家的喜爱，洛阳纸贵，是其必然！

李國華

勤勤方寸传风雅

——范曾先生与邮票的不解之缘……

邓慧国（中国集邮总公司总经理）

范曾先生与中国邮票，可以说有着跨越时间、悠悠的不解之缘。从1979年到2015年，在36年间，范曾先生应国家邮政部门的约请创作了七套邮票，即20世纪80年代创作的《中国古代科学家（第三组）》《齐白石作品选（小型张）》，21世纪创作的《古代书院（二）》《鸿雁传书》《朱熹诞生八百八十周年》《琴棋书画》《世界法医学奠基人——宋慈》。作品之精、题材之广、数量之多、赞誉之隆在我们看来都是独树一帜的。范曾先生对故国文化的赞美之情、对邮政事业的关爱之意都体现在一枚枚方寸之间的邮票创作上了，作为中国集邮方面的负责人，我代表广大邮迷感谢范曾先生抽出宝贵时间，为邮票创作作品，让邮票展示风雅；我也代表广大邮政工作者感谢范曾先生对邮票事业的关心、眷顾和支持。

总是有人来问我，为什么要选择范曾先生创作这么多邮票？我认为范曾先生提倡“回归古典、回归自然”美学主张，践行“以诗为魂、以书为骨”艺术创作原则，开创了中国绘画新古典主义艺术的先河。尤其是范曾先生的白描艺术，绵长顿挫，气韵生动，可谓独步天下。古人说有水井处就有柳词传送，现在则是有人群处就有范曾书画的身影，难怪著名作家冯骥才撰文惊叹：范曾书画传天下。范曾先生的绘画代表中国文化的底蕴、气派和风骨。

现在大家都认同这个共识：就是邮票是国家的名片。国家政治、经济、文化、艺术、科技的最新发展都能系统和及时地在邮票上进行再现，可以说邮票是国家硬实力和软实力的集中呈现，是一个民族文化自信、制度自信的完美展示。邮票具有佐证史实、传承文化、弘扬艺术的功能，具有载国情、塑形象、扬气派的影响力，是许多文化宣传品所不能企及的。因此，精美的邮票常常被党和国家领导人作为国礼送给海外的元首政要，受到他们的喜爱。2015年10月，习近平主席访问英国，赠送给英国女王的礼物中就有一本邮票册。这本邮票册有《故宫博物院》《万里长城》《秦始皇陵兵马俑》三套邮票，风格庄重肃穆，形式端庄大气。

邮票已然成为国家的名片，当然就应该承担国家和邮迷们厚望和期待，对于邮政人来说这也是一份历史的责任和光荣。近年来，邮票的选题、邮票的创作、邮票的设计、邮票的印制，都得到社会各界的普遍关注。邮政部门更是精神抖擞，组织国家一流的专家、大师参与邮票的策划、设计和创作，争取成为精品，无愧于国家名片的光荣称号。为此，我们力邀书画大师范曾先生创作五套邮票，这些套套精彩，引起人们的普遍关注。尤其是《古代书院（二）》《琴棋书画》，画风高古典雅、书画俊逸，营造的意境让人流连忘返，赞叹中国文化的悠久和魅力。在国学勃兴的今天，这两套邮票确实能使观者有见贤思齐、发思古之幽情的无限感喟。范曾先生心系邮政事业，不以方寸世界为小，对邮票的创作兢兢业业、孜孜以求，创造出无愧于时代的精品，表现出范曾先生的家国情怀、大众情怀和为往圣传风雅的美学情怀。范曾先生创作的邮票宛如一座桥，紧紧联系着百姓、国家和国学，让人深深体验到家国之学的优雅和深邃。

丁酉初夏，好友邹玉利拿来他最新编撰著作《信天游——范曾先生与中国邮票》，让我作序推荐，出于对范先生敬仰，令我不敢推辞。因工作繁忙，久不做辞章，今天只能勉力而为。信手翻阅印制精美的样书，不禁感慨万千。一是感慨范曾先生慷慨大方，先后创作了七套邮票，不收取任何费用，无偿创作，在市场经济深入人心的今天，更让人感佩不已；二是敬佩范曾先生侠义仁爱，热心社会公益事业。从书中我们看到，范曾先生不仅创作出这七套邮票，还为这七套邮票创作、题写相关诗作，文采郁郁，诗文书画，相得益彰。更令人感动的是，这本著作的附录还陈列着范曾先生历年来为邮票年度评选绘制各种纪念张。中国的邮迷就有几千万，邮政部门为了满足邮迷们殷殷之望，设计和发行了许多相关的邮品，也举办了许多展览会和博览会。面对邮迷盛情，面对邮政部门的盛请，范曾先生有求必应，挤用创作时间，先后绘制样式不一、数量众多的各种纪念张，清新俊逸，弥足珍贵。此举真是仁爱善行、义薄云天。

今年七月，将迎来范曾先生八十华诞，在此恭祝先生健康长寿、松鹤遐龄。范先生已经创作了七套邮票，我们期望在不远将来，先生为广大的邮迷们再创作七套邮票，我想这不只是中国邮政和邮迷的福音，也是中国文化走向世界的福音。我和广大邮迷都衷心期待着！

著述篇：

信天游

范曾

书信，从远古到今天，牵动着人类的所有感情领域。大至国家之间的邦交战和，君王、首领的仪礼照会；小至情侣的脉脉絮语、诤友的滔滔雄词。它或如一阵春雨，润泽龟裂的土地，让友谊抽芽吐绿；或如一片初雪，消融于寒梅的花蕊，爱情正孕芳播馨；也许它是一颗鹅卵般的冰雹，击碎了脆弱的心灵；也许它果真是一块冷酷的冰，使生动的涟漪化为死般的岑寂。它托付给火光和利剑，使生灵涂炭、赤地千里；它托付给和平鸽和橄榄叶，使大地春回，繁花似锦。啊，书信，你是人类七情六欲的化身，你带给人类的欢乐和痛苦，一半对一半。杜甫等待着你，“烽火连三月，家书抵万金”，鄜州的夜月多少次照耀过他失望而衰老的面容。《诗经》有云“岂不怀归，畏此简书”，又是一番得到书信时的沉重——故园桑麻是否依旧，梦中亲人是否安宁?

书信和等待成了同义词。人们，你等待什么?啊，数不清的前尘往事，说不尽的恩怨情愫，如烟如雾，如潮如流。人们等待着，等绿了芭蕉，等红了樱桃，等白了鬓毛，等老了韶光。有的人成功了，有的人失败了；有的盛极而衰，有的否尽泰来。书信，人们珍爱着你，因为你曾经使他们这样那样地和大地、和人生联系着，你带给他们的悲苦和欢乐，随着时光的流逝，都已成了他们生命之海中回忆的岛屿，时隐时现，永志难忘。我也拿出每一叠信札，告诉同代和后代的人们，范曾，曾真实而生动地活在这既古老而又年轻的地球之上。

邮票，信札封面上的一朵奇葩异花，你已开放了170年，世界统计学上最复杂的问题之一，莫过于对邮票数量的计算。以我浅陋的邮学常识和小学数学的水平进行总结，自以为得出颇近真实的数字，自古至今已印四千亿张邮票，好在诸位不会当真。试问，有什么艺术品、什么著述、什么印刷品，能打破这天文数字，而又有谁能代替邮票在人生中所起的无所不在、无所不至、无穷无极的功能?藏在信封里的或者是一位天生丽质的美人、一位英才盖世的枭雄、一位慈和的上帝、一只凶恶的魔鬼、一颗丧门星、一颗智多星、一个喜讯、一个噩耗，而贴在信封外的却概莫能外的是赏心悦目的艺术品。除去极少数扭曲了的时代和异化了的灵魂，曾给邮票这至美至圣的艺术领域佛头着粪以外，我敢说邮票的历史，便是人审美意识发展的一部浓缩了的历史。我知道了为什么各国邮票设计师们、画家们、工艺师们、技术师们、工人们如此殚精竭虑地把自己的全部智慧和生命投入这不足盈寸的画面之中，因为他们知道这一方天所载负的人类感情的分量。

人们都艳羡大块文章，赞誉屈原的《离骚》、司马迁的《史记》所展示的波诡云谲的万千气象，赞誉那崇山峻岭般、长川大河般的艺术境界，然而殊不知另有一种要言不繁的精绝的艺术，着墨寥寥，尽得风流。韩愈的《获麟说》和刘禹锡的《陋室铭》，不宛如晶莹的钻石散发着熠熠的高贵光芒?归庄的《万古愁曲》和陈子昂二十二字的诗“前不见古人，后不见来者，念天地之悠悠，独怆然而涕下”，对我的心灵有同样的震撼力。因此，原来判断艺术之优劣轩轾，不以长短计，不以面积计，不以厚薄计，不以大小计，可贵在它本身的质地。进而言之，长的、大的、宽的、厚的东西，固有其量上的优势，而短的、小的、窄的、薄的则敢说能与它比权量力，骎骎乎有一种当仁不让的气势。于是，我想到邮票，它之所以有永恒的保藏价值，乃是由于它忠诚不渝地代表了它的国家和民族，用一种近乎信号、标志、象征、符号、徽章的意义向全世界展示它的全部美的内涵、美的仪表，从而使你热爱它的国家。设计和制造邮票的朋友们都首先是一个爱国者。你是大国吗?是否有俯临天下的潜意识?你是小国吗?是否有傲视群雄的自尊心?你是通都大邑，繁荣瑰丽，固属必然。你是僻岛荒邦，那淳厚质朴应是本色。东方人的富哲理，西方人的善逻辑，中国的古雅，意大利的圣洁，德国的竖琴，法国的芦笛，日本的礼仪，美国的豪情，东欧的民间色彩，非洲的林野风光，哪一处、哪一点不值得大地的儿子们几番沉醉?啊，邮票展现了无所不包的主题，独立的旗帜、胜利的节日、光复的国土、卓越的人物，哪一件事、哪一位人不曾使同时代的人民深深关注?邮票贮存了人类宏观，大至家国兴亡；微观，小至一草一木的感情信息。罗斯福面对着自己几十年珍集的邮票说：“集邮家得到的益处是如此之大，以至于难以说明这种业余爱好的最大得益是什么。”

朋友，当你得益的时候，正是你被邮票的魅力所征服的时候。邮票设计家们用他们精妙的装饰技巧，把主题潜移默化地渗透到你的灵魂，制作家们用他们美轮美奂的工艺手段，把设计师的理想化为现实，邮票的“助人伦、成教化”是一种“润物细无声”的不着痕迹、决无强制的诱导。

我浪漫主义的思绪离题万里地在邮票的天地里凭虚御风，迷不知所向。我只是为严忠辉的《邮票中的装饰世界》一书，拉开它的帷幕，因为我相信严忠辉的书会揭示邮票设计师和制作家的全部苦心孤诣和高超境界。重复永远是作文的大敌，因此，这只是一种题外话。文章既毕，发出时欲觅一张邮票寄出，似乎哪一张都不合适。算了，我设计一张，邮票上一个自命不凡的家伙侃侃而谈，望之令人怒，思之令人爱；我们与他性相近而习相远，但实在应珍视他的诚意和率真，这个人依稀有些像范曾。

说马

范曾

英雄、名马、美人三位一体，构成了多少壮烈而又艳丽的传奇故事。而就中最精彩者为《史记·项羽本纪》：“项王军壁垓下，……夜闻汉军四面皆楚歌，项王乃大惊曰：‘汉皆已得楚乎，是何楚人之多也!’项王则夜起，饮帐中。有美人名虞，常幸从骏马名骓，常骑之。于是项王乃悲歌慷慨，自为诗曰：‘力拔山兮气盖世，时不利兮骓不逝，骓不逝兮可奈何，虞兮虞兮奈若何?’”项羽起兵八年，历七十余战，势如破竹，遂霸有天下。如今果真儿女情长、英雄气短了吗?不，他跃马溃围，从者八百；渡淮河，从者仅百余人；陷于大泽，从者二十八骑，依然突破汉军数千人重围。至乌江自刎前，他并不服输，以为“天之亡我”；且不愿苟活：“籍与江东子弟八千人渡江而西，今无一人还，纵江东父兄怜而王我，我何面目见之?”谢绝了乌江亭长劝其渡江的建议，这是英雄引裁自决的最佳句号。当司马迁对他的死作描写时，是文学家欣赏的眼力；而“太史公曰”以下，则为春秋史笔。讲项羽兵败身死，“尚不觉悟而不自责，过矣。乃引‘天亡我，非用兵之罪也’，岂不谬哉。”

美人、名马之归英雄似乎天经地义，然苟此英雄仅膂力武功过人，而品行有垢疵如吕布，则必有另一番景象。貂蝉虚与委蛇，名马终归关羽，吕布死而名凋。《曹瞒传》云“人中有吕布，马中有赤兔”，徒为后世笑柄。而《寰宇记》云：“人中有张飞，马中有玉追。”黝黑的虬髯英雄，而骑毛色似练的白马，何其壮哉，遂成后世美谈。

骏马，因其英俊的仪容、疾驰的雄姿、嘶鸣的悲怆，加上荒漠落照的壮阔和枯林古道的萧瑟、虢国夫人的骄纵和五陵年少的轻狂、攻城野战的杀伐和帝王贵胄的狩猎，化为了一幅幅瑰丽多彩的图画、一首首雄浑苍楚的诗章。记得张炎的词：“记玉关踏雪事清游，寒气脆貂裘，傍枯林古道，长河饮马，此意悠悠。”记得杜甫的《后出塞五首》：“落日照大旗，马鸣风萧萧。”真所谓惊才风逸，壮志烟高，千古绝唱，唯斯敢当。

上古之世，相马的名士为天下所重。而《列子》所载九方皋相马忘牝牡骊黄而识天机，在其内而忘其外，得其精而忘其粗，成为最富哲理意味的故事。而伯乐识千里马，则更演化为识人知任的代用语。人类几乎把最美的词都给予了骏马：玉花骢、照夜白、浮云、赤电、绝群、逸骠、紫燕、绿离骢、绝尘……这都是诗词的华藻，也许，马本身便是诗。凡是有骏骑的地方就会产生一种特殊的境界，这也就是历代的题画马的诗，超过了所有咏其他鸟兽的诗的原因。杜甫、元稹、杜荀鹤、苏东坡、黄庭坚、秦少游、张耒都有名篇传世，而杜甫题马诗为诗人中之最，不只多，而且好，他的《丹青引赠曹将军霸》则成经典之作。“丹青不知老将至，富贵于我如浮云”，则是在写英雄名马之时一笔带出画家曹霸的人品，镂彩摛文，无以过者。

近世画马，徐悲鸿固为第一，其笔墨俊发豪纵，真乃天岸龙媒，世人宝之，有由然也。有徐氏的典范极则在，后之画马者必另辟蹊径，方可接踵前修。中国画史上唐之曹霸、韩幹、韦偃，宋之李公麟，元之赵孟頫，高手相望，而近世以还，唯悲鸿先生一人与先贤颉颃。

我爱画马，若步悲鸿后尘，必永远瞠后。自视线描功力不让古人，乃以勾勒之法写白马。偶使泼墨，亦决不愿因袭前人，落于窠臼。《钟馗山林搜神图》自视得骏骥风神，庶可不过分自惭矣。

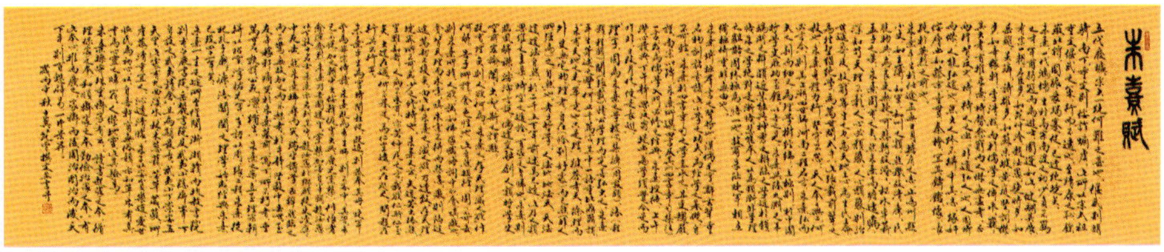

五代废墟，宋大一统何难之甚也；偃武则胡骑南下，重文则佞诈煽虐。此所以宋太祖重文偃武之策，行而不远也。至靖康之耻，钦、徽北狩，国脉衰竭蹇促，已达绝境矣。

朱熹，一代鸿儒，生于高宗南渡之初。少负不羁之才，年甫弱冠而为进士。国运如此，健翮莫展。有宋一朝，名臣多，如范仲淹、赵汝愚；骁将多，如岳飞、吴璘；诗雄多，如苏东坡、黄庭坚；词杰多，如辛稼轩、李清照；而于儒学之传承，巍巍其大者，首推朱熹。时势愈穷而人杰无尽者，正二律背反也。时，待人之出，“非道弘人”也；人，因时而杰，“人能弘道”也。然大人终不得申其志，缘奸佞层出如蔡京、童贯、秦桧，宜其铸铁像，长跪于英烈之前也。

朱熹平生于仕途并无日月担肩之志，止为州县小吏如主薄、知军、知州之类，然举政清廉，民胞物与，为良吏无疑。可悲朝政湣湣，杯水车薪，孟子之叹，朱熹固有之矣。然朱熹高瞻远瞩，深知苟天理不彰，人心必颓隳；人心颓隳，则治世遥不可及。故穷毕生之力“为天地立心，为生民立命，为往圣继绝学，为万世开太平”。此张载前辈之教也，朱熹身体力行、坚守不怠。“天人本无二，何必言合”则其上溯四世师河南二程名言，朱熹弘而大之、剖而细之，为理学树经纬，立极则，于中国哲学史厥功至钜。以吾之见，朱熹与陆九渊兄弟鹅湖之辩，颇近慧能与神秀之辩，陆之学近于顿悟，朱之学绝对是渐悟。慧能本人以为顿、渐非学理之龃龉，因终极为“悟”一也，故而朱、陆晚年相互备极倚重，非无由也。

朱熹，博览群书之贤哲也，汉儒毛亨、郑玄辈重名物训诂音读，此小学之功夫，为经学之基础，自不可轻。朱熹于四书章句之学直承之，且更趋严谨。南宋以降，朱熹所选四书及其《四书章句集注》一书，成为儒学入门必修之经典。朱熹授徒上午潜心读典，下午静思反刍，提出“为学须觉今是而昨非，日改月化，便是长进”。

“理”字，固为朱熹之学核心。集濂（周敦颐）、洛（程颢、程颐）、关（张载）诸公学理而完善弘大之。朱熹平生著述之丰，何止千万言，其中一语重比鼎鼐，谓：“未有天地之先，毕竟也只是理”。彼苍天者，除“理”而外更无它物。“理”者，自在（恰到好处）而已然（非人所强为）之“自然”也。老子哲学：“人法地，地法天，天法道，道法自然”，于二千五百年前述焉已透。此乃人类思维之圭臬，时空之通诠，百家之旨归也。朱熹则临风解襟，滂沛言说，儒、道交融，创人类哲学史空前宏论，闲闲大智，斯之谓欤？

既有“理”矣，则“人欲”何为？朱熹之“存天理，灭人欲”作何解？告子所谓：“食、色性也”，此自然规律，固不可去，则朱熹所指“人欲”，诚如佛家忏悔词中的“贪、嗔、痴”也。贪，背天理而求索；嗔，求索不得而怨恚；痴，则陷迷途，万劫不复矣。由此知朱熹之“灭人欲”，乃达致“存天理”境界所不可或少之修持也。朱熹又云：“夫道若大路然，岂难知哉？

人病不求耳”。亦若仲尼之言“我欲仁，斯仁至矣”。大道在迩，何不举足；为仁岂远，只在咫尺。问题在行与不行耳。

朱熹平生为官时间短促，既退，则恭奉其母，晚年曾为宁宗侍读，朱熹既为帝王师，则不吝申申其詈。帝已不悦，加之朝中大佞韩侂胄大兴“庆元党禁”，作伥者愈演愈烈，朱熹乃去国还里。党禁加害自宰辅赵汝愚以下数十名士，朱熹亦名列其中。赵汝愚于乡愿徒吏凌辱中死去。然朱熹拂尘而笑，端坐讲学，正猝然临之而不惊，无故加之而不怒者，于平静坚毅中去世。至友辛稼轩痛哭于朱熹墓前，写下：“所不朽者，垂万世名。孰谓公死，凛凛犹生”。朱熹之案，直至理宗朝得以昭雪，淳祐元年，手诏以周、张、二程、朱熹从祀孔子庙。濂、洛、关、闽之理学，始成经典，朱熹已殁四十一年矣。

朱熹一生足迹所至仅闽、浙、湘、赣，而执教书院则有白鹿书院、岳麓书院及武夷山隐屏峰下自设之“武夷精舍”，且为期最长。武夷山下崇安五夫里，此处有九曲溪水，林木葱茏，芳草葳蕤，所产茶，清香宜人，沁透清怀。朱子以安贫乐道、忧世恤民为初心，以“自喜轩窗无俗韵，亦知草木有真香”为心灵之归宿。人杰地灵，此其验焉。

朱子操守殊重“齐家”，有云：“读书起家之本，循理保家之本，和顺齐家之本，勤俭治家之本”。有此本心，推而广之，家齐而后国治，国治而后天下平，则百魅辟易，一片景升。

范 曾 丙申秋于北京抱冲斋

范曾先生与中国邮票

邹玉利

方寸之间，物华天宝；星移斗转，含英咀华。邮票是什么？诗人说，邮票是一枚乡愁，我在这里，亲人在那里；邮政人说，邮票是一张名片，是国家的信使行走天下的文化象征；艺术家说，邮票是微缩的景观，祖国的崇山峻岭、大河大川、旖旎风光在这里完美地展现；大画家范曾先生说，邮票是信札封面上的一朵奇葩异花，具有永恒的保藏价值……它忠诚不渝地代表了它的国家和民族，用一种近乎信号、标志、象征、符号、徽章的意义向全世界展示它的全部美的内涵、美的仪表，从而使你热爱它的国家。

一、中国画家与中国邮票

邮票与绘画有着不解之缘，可以说是孪生兄弟。邮票与绘画同属于平面展示性的艺术，对艺术空间的理解和处理，有许多相似性的地方。中国绘

画，尤其是中国现代绘画，对线与墨的处理有很强的表现力，中国传统的白描和泼墨更有奇异的表征性，更能力穿纸背，表现出飞动的气韵和勃勃的生机。邮票很多是雕版艺术，它具有刀凿斧劈的立体效果，好的绘画作品如果能和邮票艺术结合起来，就能产生人人追捧的极品，邮票的美学价值就会呈现出来。有人这样评价邮票的美学价值："邮票不仅是有价证券，也是具有美学价值的艺术品。它的票幅和枚数都非常有限，画面形象又有很强的限制性，须要从大量素材中遴选出最符合选题要求的画面，因此具有高度的概括性，是缩微的艺术品。无论是印刷精美的新中国现代邮票还是印制粗糙的早期邮票都各具神韵，具有特定的美学价值。"邮票画面的限制性、邮票选题的概括性、邮票呈现的神韵性、邮票印制的精美性成为一代又一代邮票设计师、制作师朝斯夕斯、孜孜追求的最高目标，也是一代又一代邮迷们梦寐以求的神品。

中国绘画成为中国邮票印制发行的丰硕宝库，从顾恺之到八大山人，从齐白石到范曾，这些绘画大师的作品成为中国邮票发行的重要选择对象。纵览中国现代邮票史，这些大师的作品赫然在列，成为中国绘画史和中国邮票史一座座不可超越的高峰。群峰并峙，巍峨险峻，令人叹为观止。为什么要选择大师的绘画作为邮票进行传播？这些大师的作品具有怎样的魅力让常人去仰视去赞美？罗曼·罗兰在《米开朗基罗传》中的一段话可能会给我们一些启示。他说："崇高的山峰……从远处我们望见它的峻险的侧影，在无限的青天中消失。我不说普通的人类都能在高峰上生存。但一年一度他们应上去顶礼。在那里，他们可以变换一下肺中的呼吸，与脉管中的血流。在那里，他们将感到更迫近永恒。"

2009年10月，为庆祝中华人民共和国成立60周年，中国文学艺术界联合会总策划、中国文联出版社隆重出版《向祖国致敬——中国画十大师精品集》大型画册。画册收录了中国20世纪画坛巨匠齐白石、黄宾虹、徐悲鸿、潘天寿、林风眠、傅抱石、李可染、吴作人、黄胄、范曾先生的精品。该画册选材精当，印制精美，成为美术界和出版界传颂的佳话。范曾先生对此很满意，戏称是"九死一生"的珍品，因为九位大画家已经谢世，身体健硕的他还站在艺术创作的第一线。范曾先生说，如果天再假他二十年的时间，他将会创作更多的精品。为此，范先生制定详细的研学计划，从《四库全书》八万卷书中精选出三百卷，准备精读；把商务印书馆出版"汉译世界名著"系列中的"哲学分卷本"进行分类和编号，已开始系统地研读。我们身处河清海晏的太平时代、正在步入物质丰裕的小康时代，生物医药技术日新月异，百岁对现在人来说已经不是什么奢求，在大力弘扬国学的今天，邮迷们更是期盼范曾先生倡导"回归古典、回归自然"的新古典主义能成为伟岸的存在，盼望范曾先生能在未来二十年有更多的作品呈现在"方寸之间”，让国学走进邮票的世界，让邮票步入国学的殿堂，对此，我们充满信心，我们大家都热烈期盼着。

1980年1月15日，邮电部发行了《齐白石作品选》，这套邮票共16枚，精选了齐白石先生作品中的16幅绘画。齐白石先生所画的花鸟鱼虫，既有中国传统写意画的特点，又有民间绘画的表现技法，把阔笔写意花卉与微毫毕现的草虫巧妙地结合在一起。1996年4月5日邮电部发行了《黄宾虹作品选》特种邮票，一套6枚。这套邮票展现了黄宾虹先生“一生九十笔愈老，千军为扫万马倒”深厚的创造力和大气磅礴的艺术气质。1978年5月5日，邮电部以徐悲鸿先生的十幅关于马的最杰出的作品发行了一套10枚邮票，合称《奔马》，另发行一枚小型张。徐悲鸿先生笔下的马“一洗万古凡马空”，精神抖擞，独有一种豪气干云的气势。2007年3月26日，适逢李可染先生100周年诞辰，国家邮政局发行《李可染作品选》特种邮票一套6枚，分别为李可染先生不同时期的作品。李可染先生致力于中国画艺术的革新，以“可贵者胆，所要者魂”、“用最大的功力打进去、用最大的勇气打出来”为座右铭，使传统的山水画艺术获得了新的生命。1997年3月14日，为纪念潘天寿先生诞生100周年，邮电部发行了《潘天寿作品选》特种邮票，全套6枚。潘天寿先生的作品构图奇特，险中求稳，平中求奇，创造出苍古老辣的艺术风格。1994年10月5日邮电部发行了《傅抱石作品选》特种邮票，全套共6枚。傅抱石先生以“师古人之心，不师古人之迹”为创作原则，大胆创新，开创了中国山水画的新气象。吴作人是我国著名画家，他擅长画熊猫，寥寥数笔就将大熊猫的活泼可爱的形象淋漓尽致地表现了出来。我国第一套“熊猫”邮票发行于1963年8月5日，全套3枚，吴作人先生采用泼墨大写意的画法，把熊猫立、坐、躺有趣的姿态完整地表现了出来。1973年1月15日，为了宣传保护珍稀动物大熊猫，中华人民共和国交通部（当时邮电部被撤销）邮政总局发行一套《熊猫》编号邮票，6枚邮票图案全部采用吴作人在1972年绘画的水墨熊猫图。1985年我国再次发行了一套4枚的《熊猫》邮票，同时发行了我国第一枚熊猫邮票小型张。小型张依然采用了吴作人传统的水墨画。

除了范曾先生之外，有八位大师的作品都出了邮票，这些大师大抵是身后荣，邮票都是为了追念他们的艺术贡献而印制发行的，为什么这些大师生前大多没有发行出版邮票？估计不外有三个原因：一是新中国成立以来，宣传个人的艺术成就不为当时所提倡；二是邮票出品的选题也颇受当时的时代背景之影响；三是，建国以来，艺术家与邮票联姻可能性较少，邮票大抵是工艺美术范围之事。大师身后出品的邮票虽然对设计师选择作品的空间和话语权比较大，但是缺乏互动性和艺术创作的即时性也是最大的缺陷，艺术家和设计师存在已是隔世，他们之间不可能有对话和沟通，邮票只是成为邮票设计师的工作，艺术家不能也没有可能参与邮票创作和设计之中。这种遗憾于今已为陈迹，在思想解放的春风中，艺术家和设计师才能真正对话，艺术家可以应约即兴为邮品进行创作，从而提升邮品的艺术品质和个性；从这个意义而言，邮品的艺术春天真正来临了。

二、范曾先生与中国邮票

从1979年到2015年，时间跨越了36年，范曾先生从风华正茂的中年俊杰及至耄耋之年具有世界性影响的大画家。在36年期间，范曾先生应国家邮政部门的约请创作了七套邮票，即20世纪八十年代创作的《中国古代科学家（第三组）》《齐白石作品选》小型张，21世纪创作的《古代书院（二）》《鸿雁传书》《朱熹诞生八百八十周年》《琴棋书画》《世界法医学奠基人——宋慈》。范曾先生为什么要花费大量的时间去进行邮票创作？因为范曾先生有一颗拳拳的爱国之心，有对国家邮政事业发展的强烈的关注之心，更葆有一颗珍爱邮票的赤子童心。不忘初心，是范曾先生一贯的持守。范曾先生出身于一个十三代诗人瓜瓞延绵的著名文学世家。他的童年是在家乡江苏南通度过的，适逢日本侵华，那时的孩子没有什么娱乐活动，因家里时有信件往返，信封上的邮票引起了他强烈的兴趣，于是他开始收集邮票。从信封上把邮票取下，泡水去衬，贴在玻璃上晾干，放入小本中收藏。8岁后，二兄赴港谋生，在其二兄的帮助下，渐渐收集几大本。从中国的到外国的邮票，他都十分珍爱。小小的邮票给他带来孩提时代的无尽的快乐。回忆往事，范曾先生在《我的自述》一书中深情地说："当我成名之后，我不仅爱集邮，而且我画的邮票得到了最佳奖，成了小邮迷们的崇拜对象。我总忘不了我少年的困境和对美的追求。"

时光荏苒，36年弹指一挥间，范曾先生创作的这七套邮票，一直被邮政人和邮迷们赞赏和追捧。受各种条件的局囿，范曾先生创作这七套邮票的产生过程世人知其佳而不知其文化缘由和艺术情景，世人欲知其详，现在我们就让时光“倒流”，让我们重温范曾先生进行创作的流金岁月，感受他昂扬的精神、澎湃的激情和动人的作品，这不只是对一种美好事物的怀旧，更是回顾和展示中国邮票发展事业的最为动人的辉煌和荣光。

1. 1979年创作《中国古代科学家》（第三组）纪念邮票

新中国迄今一共印制发行四组《中国古代科学家》邮票。第一组于1955年发行纪33《中国古代科学家》邮票和小型张，包含4枚邮票和4枚小型张。该邮票由孙传哲根据我国著名画家蒋兆和创作的科学家张衡、祖冲之、僧一行、李时珍的画像进行设计。1962年发行纪92《中国古代科学家》（第二组）邮票，全套8枚。该邮票由孙传哲先生设计。第三组邮票就是范曾先生创作的，是1980年11月20日发行的。当时我还在上中学，受父亲的影响，从小就喜欢集邮，当时家贫，买不起四方连，就买了一套邮票，拿到邮票之后欣喜不已，觉得画面生动逼真，太神奇了！因此，到处打听邮票创作者——范曾，从集邮公司打听到范先生是京城一个著名画家，从此记住这个名字。没有想到20年后成为范先生的弟子，朝夕服务于先生身边。为了更好地了解这套邮票的创作过程，我采访了这套邮票的雕刻者之一阎炳武先生。虽然事情隔了38年，阎先生还记忆犹新。他回忆道：第一次见到范曾先生是在邮票印制局，当时他是刚出茅庐的小伙子，范曾先生四十多岁，但才华过人，饱读诗书，出口成章。范先生很善于和人沟通交流，先生当时已经是名满天下了，但是从不居高临下，以权威自居，而是和风细雨，提携后生，让人感动。他第二次见到范先生是在全国政协礼堂的最佳邮票颁奖会上，这套邮票因为范曾先生绘制的强烈中国画风格，风神隽永，从此享誉天下，受到集邮爱好者追捧，获得1980年最佳雕刻奖。大家都围着范先生要签名，范先生还给他在邮票上签了个名，他至今还珍藏着。

《中国古代科学家》（第三组）一共有4枚，它们展现的科学家分别是李冰、贾思勰、黄道婆、徐光启。李冰建造的都江堰工程是一个伟大的创造，在2000多年前是一个了不起的工程，既制服了洪水的泛滥，又保证了成都平原的灌溉，天府之国美誉由此而来。李冰教会民工在竹篓里放石头，延缓江水流动的湍急，从而控制流量，起到治理江河的作用。为了画好李冰，范曾先生还专门去都江堰李冰的纪念馆参观，体验生活。范先生在创作《中国古代科学家》（第三组）邮票之时，正跟从沈从文先生在中国历史博物馆从事古代服饰绘制工作，对历代服饰的式样和穿戴已经非常熟悉了，可以说是了然于胸，在沈从文先生著录的《中国古代服饰研究》一书中，能看到范曾先生风神隽永的笔墨。事后谈到这套邮票的创作心得时，范曾先生深情地说：“我跟沈从文先生研究中国古代服饰多年，历代的服饰穿戴可以说是耳熟能详了，关键是如何表现这些科学家的独特的性格和气质，进而表达他们高华的风神。我年轻画画，可以说是千人千面，人物形象丰富多彩。现在有人说范曾绘画人物形象千人一面，那是不了解我，我为什么画《老子出关》形象都有相似的地方，因为我有自己喜爱的形象。纵览西方美术史，我们可以看到波提切尼、达·芬奇、鲁本斯绘制的美女形象，都有自己喜爱的形象特征，所以‘何其相似乃尔’！不是他们没有本事表现丰富的形象，而是他们对美的喜爱有独到的对象。‘千人千面’，对我而言，并不困难，非不能也，是不为也。譬如我画的十八高僧即做到个性鲜明。”

范先生认为，创作中国传统人物画，对服饰的熟悉只是基础，关键是把握和锤炼人物的性格。因此，在创作贾思勰的人物形象时，范曾先生根据自己的独到理解，把这个关心农桑的、撰写《齐民要术》的贾思勰刻画成饱经风霜、谙熟垄耕的智慧长者，声音謦欬跃然于纸上。徐光启不只是一个大文人，还是一个大翻译家，他和利玛窦一起把《四书》翻成拉丁文，还把欧几里得《几何学原理》翻译成文言文，是中西文化交流的大人物。他著述《农政全书》影响最大。范曾先生塑造的徐光启形象，用笔简洁明快，展示出一个风雅潇洒的文人形象。30多年之后，范曾先生应意大利总统塞尔吉奥的邀请，在罗马独立宫举办画展，在展会上，范曾先生创作的徐光启与利玛窦共研学问的作品——《文明对话》，引起意大利观众和专家的关注并得到盛赞。这可以说是善缘重构，也证明范先生对这套邮票仍然葆有深刻印象。黄道婆是一个能工巧匠，她改进并传播了先进的织布技术，按照现在话说，她是个具有大匠意识的人。范曾先生笔下的黄道婆，清秀、俊美、机敏，给人留下了深刻的印象。

2015年，中国集邮总公司要举行获奖邮票的展览，请范先生为这套邮票题词以志纪念。范曾先生用诗意语言，分别用四个字高度概括了这四位中国古代科学家的突出贡献。他给李冰的题赞是“堰成水宁”，给贾思勰的题赞是“齐民福音”，给徐光启的题赞是“目极大秦（古称罗马为大秦）”，给黄道婆的题赞是“织光映月”。冰冷的科学技术却萦绕着诗意的光辉，科学与艺术在范曾先生的题赞中得到了诗意的融合与会通。

2. 1980年创作《齐白石作品选》小型张

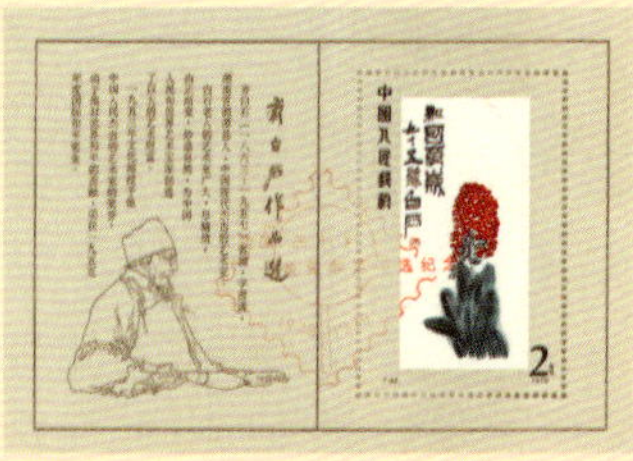

《齐白石作品选》小型张是范曾先生1980年年初创作的。是邮票设计师邵柏林先生向范曾先生约的稿。邵先生为这张邮票的创作，多次到范曾先生家。邵先生认为，范曾先生白描功力深湛，天下无双，所以盛情邀请范曾先生创作这张邮票。范先生从小就喜爱收藏邮票，对邮票一往情深，所以欣然接受了邀请。范先生认为，齐白石先生是中国大画家，虽然出生于劳动人民之家，但是诗书画印都有很高的造诣，对中国传统文化的赓续做出了贡献，成了享誉世界的文化名人。因此，给他画像的人有很多，油画、水彩画比比皆是，司空见惯；为了有别于其他人绘画的风格，为了塑造齐白石作为中国画家的独到气质，范曾先生决定用中国白描去塑写大画家齐白石先生的风神，纯粹用线条勾描，不上一点墨色。我们知道，范曾先生画白描，往往是不起底稿，成竹在胸，一挥而就。邮票设计师邵柏林看着这幅作品惊叹到："每一根头发都会说话，感觉风动啊！"事隔37年之后，说起这枚邮票，范先生深情地说："这幅作品是生动的，齐白石先生每一根头发都在飞动。这幅画生动还体现在对眼神锤炼和塑造上，传神写照在眉宇、眼轮匝肌、鼻唇沟、嘴角之间，好的笔墨要精审、准确而又灵动。"范先生对邮票创作极其认真负责，一共创作两幅作品，供邮票设计师挑选，这两幅作品形神相似，而姿态不同。邮票设计师邵柏林先生挑选一张作为邮票设计稿，另一幅不久范曾先生把它带到了香港展览会展出，受到收藏家的追捧，卖到5万港币，引起轰动，香港媒体惊叹到："齐白石每一根胡须都价值好几百港币。"

这枚小型张面世以后，不胫而走，成为集邮市场人人争相收藏的"新贵"，从2元定价炒到2000元多市场价，价格涨了1000多倍，成为中国集邮历史上的神话之一。对此，范曾先生冷静评价说："当时邮票公司作为酬劳赠送给了100多枚，没几天就分完了，至今我没有收藏一枚。对于一个艺术家来说，真正的收藏不是一人珍藏，而是天下藏之。市场既有盲动从众的一面，也有群众根据形势的正确判断的一面，当市场盲动渐渐平息，价格波平水静之时，群众的正确的审美判断就是真实的价格所在了。”这枚邮票，因为气质高华，风神隽永，先后获得多项大奖。邮票市场，潮起潮落，而《齐白石作品选》小型张，一直成为邮迷们追捧的风向标。

3. 2008年创作《古代书院（二）》特种邮票

我国古代书院历史悠久，始于唐代，盛于宋朝，是私人或官府所设的聚徒讲授、研究学问的场所，也是学者名士讲经论道之所和文人学士的向往之地，为弘扬中华传统文化发挥了重要作用。我国邮政部门先后发行过两套古代书院专题邮票，1998年4月，我国发行《古代书院》邮票一套4枚，邮票图案分别为应天书院、嵩阳书院、岳麓书院、白鹿书院。这套邮票发行之后，产生了较大的影响。接到《古代书院(二)》邮票设计的任务之时，阎炳武先生觉得第一套邮票虽然设计得庄重典雅，但是总觉得只是场景的再现，画面以建筑物和风景为主体，感觉缺少点什么。于是通过我联系，拜访范曾先生。范曾先生说，风景画固然优美漂亮，但是书院的生气和灵魂就缺失了。中国古代的书院都是由大思想家、大文人支撑起来的，他们讲学论道、砥砺品格、著书立说，培养青年才俊。每个书院背后至少都有一个著名学者在支撑，他们是书院的灵魂，有了他们书院才能鲜活和生动起来。石鼓书院有文章大家韩愈先生，安定书院有教育家、大儒胡瑗，鹅湖书院有大思想家朱熹、陆九渊，东坡书院有大文豪苏东坡。

于是范曾先生用中国传统的白描绘制了韩愈、胡瑗、朱熹、陆九渊、苏东坡，画面气韵生动，形神兼备。令阎炳武先生获意外之喜的是范曾先生还用毛笔题写石鼓书院、安定书院、鹅湖书院、东坡书院院名，望着遒劲俊美的大字，阎炳武先生连说“没想到！没想到！”他说没敢奢求先生题字，他们原来准备用印刷体来排版，有先生的题字就更加锦上添花。因此，在画面设计和处理上，我们把先生的题字用金色而以中国红铺底，显得古典高华。这样，先生的画和先生题写字就可以珠联璧合，光彩照人。四枚邮票上半部用范曾先生的绘画和书法，下半部用我绘制的四个书院的外景。这套邮票得到大家的普遍赞赏，有人评价到：“邮票图案以国画的形式，呈现出古色古香、儒雅秀美的大气格调。图中唐、宋时期的文人大家韩愈、胡瑗、陆九渊、朱熹、苏东坡等人的肖像神态、动作各异，跃然纸上，与四大书院的古朴建筑交相辉映、相得益彰。”2009年11月15日，国家邮政局发行《古代书院(二)》特种邮票一套4枚，这是继1998年4月之后，相隔十年之久，书院再登“国家名片”。

4. 2009年创作《朱熹诞生八百八十周年》纪念邮票

2010年恰逢朱熹诞生八百八十周年，为纪念这一先贤，中国邮政将在10月22日发行《朱熹诞生八百八十周年》纪念邮票一套两枚。

朱熹是儒学的集大成者，是最著名的理学大师。纵览朱熹的一生，从政时间前后共计才七年六个月，立朝仅四十余日，在政治上并无重大建树。朱熹所以能名重一时并影响后人，在于他以儒学为中心，兼收并蓄，对当时的佛道之学进行创造性的转化，从而建立起一个完整的理论体系，成为中国古代学术史上最伟大的思想家之一。

朱熹作为中国历史上伟大的思想家、教育家，他的理论影响中国文化近千年，在海峡两岸都被受推崇。2010年中国邮政发行《朱熹诞生八百八十周年》邮票的同时，台湾地区邮政部门也发行了《中国古代教育家》邮票，其中第二枚邮票图案也是朱熹，不仅是对朱子诞生八百八十周年最好的纪念，也充分说明朱子文化不仅深深扎根于海峡对岸这方文化历史厚重的中华大地，两岸同胞一脉相承、同根同源、同宗同祖、血浓于水。

关于这套邮票的设计，邮政部门还组织专家进行研讨。在会上，大家对朱熹相貌进行热烈讨论。台湾地区的朱熹后人藏

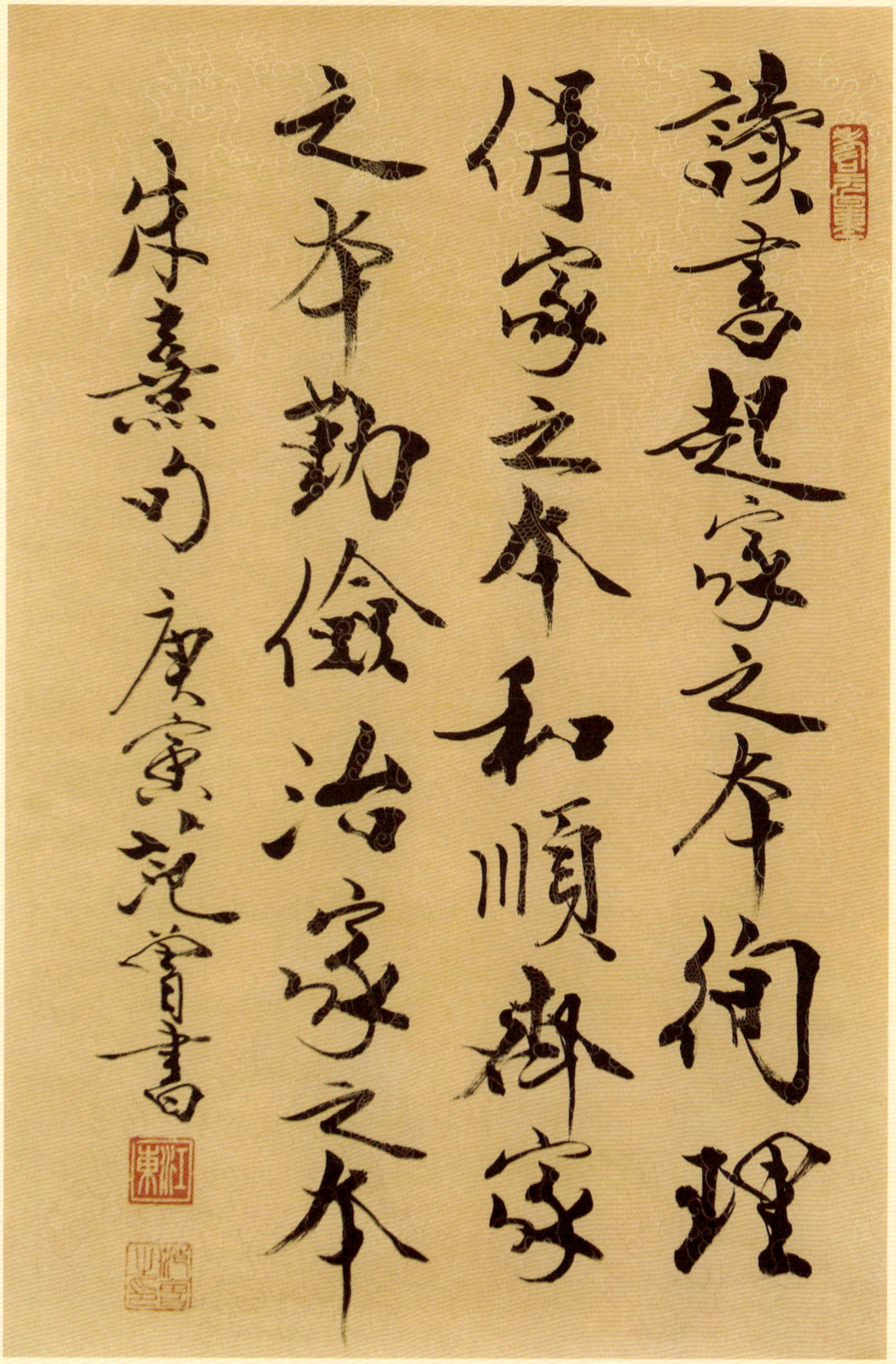
读书起家之本循理
保家之本和顺齐家
之本勤俭治家之本
朱熹句 庚寅范曾书

有石刻像，大陆见不到；在福建的朱熹研究会也收藏有朱熹先生的各种画像，邮票设计到底以哪个形象为准？说白了，就是朱熹先生到底有没有一个标准像，大家争论不休，莫衷一是；会议陷入僵局。阎炳武先生感到无所适从，无奈叹息之余，突然想到国学修养深厚的范曾先生，他肯定能解决这个棘手的难题。

阎炳武先生让我联系范曾先生，刚跨进范先生家门，尚未喘息坐定，就向先生请教这个问题并恳请先生创作这套邮票。先生微笑答应了。先生语重心长地说："朱熹先生的相貌目前没有一张可以认定是标准像，就像老子、庄子的面貌无从认定一样，当时没有照相机，南宋当时也没有画像的圣手。因此，应该从精神与气质上去塑造朱熹作为理学大师的儒雅形象，我认为这是问题的关键。有人说，朱熹脸上有七星、北斗，这是穿凿附会，我看朱熹有关传记上没有记载这些，这是善良人美好的杜撰，不足为据。就目前我看到流传下来有关朱熹的画像，形象不是太雅，以此作为创作的蓝本，可以说对儒学大师不敬。"

因此，范曾先生决定，参考《辞海》中一张朱熹画像，依傍丰富的历史和儒学修养，根据自己对朱熹学术思想的理解和深刻把握，秉承自己多年的中国传统人物画创作的丰富经验，进行知识统合、创造性转化，创造出一代理学大师独领风骚的精神气质。

范曾先生设计绘制邮票图稿一是头戴儒巾、气宇轩昂的朱熹画像，背景是朱熹的著作《四书章句集注》及其中的《大学章句》；图稿二是站在松柏之下、头戴儒巾、身穿儒服、眼神和悦的朱熹在游学途中给学生讲经传道，背景是朱熹长期在此耕读、讲学、著书、立说的重要活动场所"武夷精舍"以及武夷山局部风光。事隔七年之后，范曾先生在新近撰写的《朱熹赋》对此有诗意的描述：“朱熹一生足迹所至仅闽、浙、湘、赣，而执教书院则有白鹿书院、岳麓书院及武夷山隐屏峰下自设之‘武夷精舍’，且为期最长。武夷山下崇安五夫里，此处有九曲溪水，林木葱茏，芳草葳蕤，所产茶，清香宜人，沁透清怀。朱子以安贫乐道、忧世恤民为初心，以‘自喜轩窗无俗韵，亦知草木有真香’为心灵之归宿。人杰地灵，此其验焉。”对此枚邮票，有专家评价道：“邮票画面构思生动，远近虚实和谐，对朱熹及学童和白马的神态以其流畅细腻的笔触勾勒得栩栩如生，尤其是邮票雕刻技法精到无丝毫赘繁，是国画工笔的传神妙笔，将朱子‘涵养穷素，致知力行’的精进思想予以弘扬。”

范曾先生设计创作的《朱熹诞生八百八十周年》纪念邮票在2010年全年31套邮票中评选中脱颖而出，荣膺2010年度最佳邮票。闻此消息，范先生欣然题诗为贺：“风范千秋学士林，升沉起伏见晴阴；崇儒盛世欣挥笔，赤县知音识我心。”

5. 2012年创作《琴棋书画》特种邮票

2012年春夏之际，阎炳武先生通过我联系拜访范曾先生，

说明年计划印制发行一套《琴棋书画》特种邮票。关于这套邮票，他们准备用传统的器物来展示中国传统文化的底蕴和内涵，发现在邮票画面摆放一张古琴、摆放围棋和棋子、摆放一函线装书、摆放一幅古画，风雅有余，但是显得呆板无趣。无奈又向范先生请教，寻求解决之道。

范曾先生和蔼地说，只用器物来展示琴棋书画，没有传达出这些器物背后隐藏的中国传统文化的丰富内涵和艺术底蕴，应该选取娴熟驾驭这些器物的文化大师，用千年流传的文化经典故事，去点亮和展现这些器物的文化内涵。范曾先生决定用俞伯牙与钟子期的情谊、弈秋授艺、怀素蕉叶练书、画圣吴道子绘钟馗的故事来表现，并把四张邮票分别命名为高山流水、弈秋课徒、怀素临池、道子画壁。

范曾先生娓娓而谈，如数家珍，讲起这四个流传千古的经典故事。“高山流水”出自《列子·汤问》，传说伯牙善鼓琴，钟子期善听。伯牙鼓琴志在高山，钟子期曰：“善哉，巍巍兮若泰山。”志在流水，钟子期曰：“善哉，洋洋兮若江河。”伯牙所奏，钟子期深悟之。子期死，伯牙谓世再无知音，乃槌琴绝弦，终身不复鼓琴。后来人们以“高山流水”比喻千古知音最难逢。《弈秋课徒》源于《孟子·告子》：“弈秋，通国之善弈者也。”弈秋是全国的下棋高手，弈秋同时教两童子下棋，其中一个专心致志，只听弈秋的讲解；另一个虽然也在听，但心里面却老是觉得有天鹅要飞来，一心想着弯着弓搭箭去射它。这个人虽然与专心致志的那个人一起学习，棋艺却相去甚远。

唐代陆羽的《僧怀素传》中说：“怀素疏放不拘细节，饮酒以养性，草书以畅志。酒酣兴发，遇寺壁里墙、衣裳器皿，靡不书之。贫无纸，乃种芭蕉万余株，以供挥洒。”宋代的《清异录》中说：“怀素居零陵庵东郊，治芭蕉，亘带几数万，取叶代纸而书，号其所曰‘绿天’，庵曰‘种纸’”。接着，范先生又兴致勃勃说起画圣吴道子绘钟馗的故事，这个故事源自宋代沈括《梦溪笔谈》：说唐玄宗游骊宫回来得疾，夜晚做了一个梦，梦到两个鬼，一个小鬼，一个大鬼，为唐玄宗护驾的大鬼把小鬼吃了，化红光遁去。这个大鬼就是钟馗，梦醒之后唐玄宗病霍然而愈，遂命吴道子画钟馗，以表其忠勇。

说完，范曾先生陷入深深思索，我们知道，先生在构思画作。不久，先生就用6尺整张绘制琴、棋、书、画四张大画。精妙的线条与瑰丽的色彩融为一体，气韵生动，高华典雅，观者叹为观止。大画扫描之后,交给设计师和电脑操作员缩小成邮票尺寸，大家在欣赏之际，有人针对作品提出两个疑问：一是没有听说吴道子画过钟馗，据记忆，吴道子画过《八十七神仙卷》，有齐白石和徐悲鸿先生的题跋，应该是比较令人信服的；二是，怀素是有道的高僧，怎么光着脚，为什么不穿僧鞋？在从善如流的从众心理驱使下，电脑操作员于是把吴道子画壁中钟馗形象抹掉，把《八十七神仙卷》作为背景附在画面之上，好像是吴道子刚刚绘制完《八十七神仙卷》，正在握笔凝神审视。

电脑操作员把打印小样送到先生处过目，先生看毕，哈哈大笑，用笔笑批：真不见外！先生和蔼地对我和电脑操作员说：目前还没有发现吴道子的一张真迹在世，很多作品都是托名或者传是吴道子的作品。据看过吴道子真迹的宋代大文豪苏东坡诗作："当其下手风雨快，笔所未到气已吞。"来判断《八十七神仙卷》不是吴道子的真迹，我们可以比较元代永乐宫壁画，署名朱好古门人绘制，据说他学习吴道子的"吴带当风"艺术创作风格，从线条表现力上，《八十七神仙卷》比永乐宫壁画要柔弱得多，由此，我们可以判断《八十七神仙卷》是元代以后的作品，和吴道子的水平相距甚远。我们不能迷信大师，大师有时受各种条件的局限，眼力有所不够，也是常有的事情。所以，吴道子画壁置入《八十七神仙卷》作为其背景不亦滑稽乎？！

关于怀素赤脚，又有什么大惊小怪？僧人赤脚是常有的事情，我们在佛教画上经常看到释迦牟尼、观音赤脚的形象，自然朴实，潇洒从容。况且怀素是律宗教派的首领，有严格的清规戒律，有时天下雨，珍惜僧鞋，就要把鞋子收起来，因此僧人赤脚也是常见的现象。范曾先生三言两语就令人信服地解除了设计师们的疑惑，且态度和蔼可亲，让人如沐春风，容易接受。

中国邮政于2013年7月13日发行《琴棋书画》特种邮票，全套邮票4枚，每枚邮票面值均为1.20元。邮票图名分别为高山流水、弈秋课徒、怀素临池、道子画壁。为了表示祝贺，范曾先生还作四首七言绝句，并亲笔书写以志欣喜。题高山流水诗为："飞流一线系朝晖，绕岫长云奏翠微；杳渺知音行化外，弦尘积岁伯牙归。"题弈秋课徒诗为："鸿鹄不至竟如何，皓月清风忘世罗；瑟瑟松声听子落，临枰致志莫蹉跎。"题书圣临池诗为："蕉林碧叶代书池，怀素高僧有佛仪；满壁他年千万字，分明笔颖化神驰。"题道子画壁诗为："吴带当风气若虹，钟馗扫魅自为雄；年年夏历新桃日，望里千家瑞气笼。”斲轮老手，运斤成风；诗到吟边，意逸神驰。

2013年7月13日发行的《琴棋书画》邮票，在“第34届全国最佳邮票评选”中脱颖而出，荣获“优秀邮票奖”！有专家评价范曾先生所绘《琴棋书画》邮票画面：“运笔神采飞扬，精湛娴熟，笔力遒劲，线条简括。更重简笔泼墨，力追天籁之境。正谢赫所谓气韵生动。”

6. 2013年创作《鸿雁传书》特种邮票

中国邮政定于2014年5月10日发行《鸿雁传书》特种邮票一套一枚，邮票面值1.20元，此套邮票由艺术大师范曾先生设计，由北京邮票厂胶雕印制。

“苏武牧羊”的典故，源自《汉书》卷五十四《李广苏建传·苏建·（子）苏武》：“数月，昭帝即位。数年，匈奴与汉和亲。汉求武等，匈奴诡言武死。后汉使复至匈奴，常惠请其守者与俱，得夜见汉使，具自陈道。教使者谓单于，言天子射上林中，得雁，足有系帛书，言武等在某泽中。”《鸿雁传书》邮票以千古流传的“苏武牧羊”故事作为画面表现内容。苏武牧羊讲的是苏武在东汉天汉元年（前100年）奉命以中郎将持节出使匈奴，被扣留。匈奴贵族多次威逼利诱，欲使其投降；后将他迁到北海（今贝加尔湖）边牧羝，扬言要羝生子方

可释放他回国。苏武历尽艰辛，囚居匈奴十九年，持节不屈服。公元前81年，方才获释回汉。苏武去世后，汉宣帝将其列为麒麟阁十一功臣之一，以表彰其“使于四方，不辱君命”，忠勇不屈。

邮票特约我国著名艺术家范曾先生专题创作，范先生用苍劲的笔力描绘了西北苦寒之地的浩瀚苍茫，伫立于风雪交加之中的苏武，白发霜髯紧握代表汉朝的节麾，在荒凉的草原上牧羊，一只南飞大雁划过天空，苏武凝望故国，目光充满了忧思和愁苦。该套邮票采用雕刻版印刷，雕刻线条加强了人物与背景之间的对比，使得艺术冲突更为强烈，人物性格更为鲜明。

范曾先生精心创作了这幅巨作，说它是巨作有双重含义，一是尺幅巨大，一张完整的丈二匹；二是画作寓意深远，写实与写意、笔墨浓淡干湿处理天然高妙，气氛的渲染与空间的营造可谓匠心独运，巧夺天工，“吴带当风”与八大的“简笔萧疏”完美地融合在一起了。最为奇绝的是画面空间的处理上，寥寥数笔，计白当黑，飞雪与飞云齐渡，荒原与白云一色，一抹蓝天透过云际，显得空灵高远。苏武以及三只公羊只占画面的三分之一，画面的三分之二是冰雪覆盖的浩瀚的大漠和杳远的天空，无限深远的空间沿着鸿雁飞渡向纵深处伸展，令人神思渺渺。人们盛赞："《鸿雁传书》这枚邮票气韵生动，神采飞扬，用笔精湛娴熟，笔力遒劲，线条简练，形象生动……设计者力追天籁之境，用白描减笔写意的形式勾勒出了苏武这个历史人物的形象气质。背景中山峦迭起，用大面积的留白，寥寥几笔，即描摹出山峦之险峻、云雾之朦胧，衬托了苏武流放时孤独的心情。所有的画面元素在范曾的笔下，都被刻画得入木三分。设计者用笔简练洒脱，重墨勾勒衣纹，厚重沉稳，淡墨画山峦，轻巧明快，墨皆随笔而上，淡处如薄雾，浓处如双眸炯秀。通篇气息清脱高雅，不染纤尘，意至神备。"

事后设计师回忆到，当时在范曾先生家里看到这么张大画，气势磅礴，很是震撼。本来希望范先生创作一张竖幅的画作，画面比较丰富饱满，适合邮票的设计和制作，没有想到先生画了一副横幅的丈二匹巨作，缩小成邮票之后真不知道会是什么效果。欣喜之余，设计师有点惴惴不安，范先生似乎看出设计师的担心，微笑着说："我的字画不怕放大或缩小，效果不会受到影响！"大画扫描之后，缩小为百分之一成为邮票尺寸之后，图像效果依然是风神隽永，大家都拊手称赞：先生的绘画真是神奇！我听邮票设计师说过一则故事，董希文先生的巨作《开国大典》制作成邮票时候，也费了好大力气，专门请雕刻师按比例缩小制成比邮票实际尺寸大两三倍的雕刻版，然后再缩小成为邮票尺寸，过程历尽艰辛！先生画作不需要费这么多力气，直接通过电脑缩小后，画面效果依然完美。

7. 2015年创作《世界法医学奠基人——宋慈》纪念邮票

宋慈(1186—1249)，字惠父，建阳(今属福建南平)人，与理学大师朱熹同乡，祖籍河北邢台市南和县，唐相宋璟后人，生于南宋孝宗淳熙十三年(1186年)，南宋著名法医学家。中外法医界普遍认为是宋慈于公元1235年开创了“法医鉴定学”，因此宋慈被尊为世界法医学鼻祖。他曾任广东、湖南等地提点刑狱官，办案注重实地检验。他在公元1247年著作的《洗冤集录》五卷，是我国第一部系统的法医学专著，也是世界最早的法医学专著，广传国内外，对于法医学的发展有重大贡献。

宋慈是宋代最伟大的侦案破案的专家，他根据实际的破案经验所著述的《洗冤集录》，据现代侦探大师李昌钰先生介绍，可能是人类最早最为系统研究和介绍刑侦案例的经典。宋慈破案破除了许多封建迷信，依靠证据，依靠案发实地的勘察，不放过任何蛛丝马迹，询问见证者和亲历者。他依靠证据和严密的推理，洗雪了许多冤假错案，把许多作恶多端的案犯绳之以法，得到世人普遍赞誉，800多年来，他的名著《洗冤集录》一直被刑侦界奉为圭臬。范曾先生绘制的《世界法医学奠基人——宋慈》邮票一共有两枚，一张是宋慈先生的肖像，笔墨高古清醇，刻画出宋慈先生的睿智、机敏；另一张展示的是宋慈先生实地勘察、收取证据的破案场景，我们看到宋慈先生在认真勘察现场，旁边的助理在认真地记录，一个知情的儿童在注目观看。范曾先生塑造的画面真实生动，活脱脱再现了800多年前宋慈先生实地办案的生活世界。

在建设中国特色社会主义法治体系，建设社会主义法治国家，全面推进依法治国的今天，为了宣传宋慈求实求真的科学精神，纪念其对中国乃至世界法医学所做的贡献，激励执法者公正无私。国家邮政局在2016年宋慈诞生八百三十周年之际发行了由范曾先生创作绘制的宋慈纪念邮票，由此“法医鼻祖”宋慈登上“国家名片”。为此，范曾先生还赋诗一首《题颂宋慈》，以志祝贺。诗曰：“八百年来仰宋慈，沉冤探究大名驰；妖狐厉鬼何从遁，集录千秋足导师。”我为中国集邮总公司设计的首日封把先生的绘制的邮票和题写的诗句完美地合璧在一起，受到集邮爱好者广泛赞誉。

三、范曾先生邮票创作的艺术特征

范曾先生创作的邮票艺术依傍中国传统的白描艺术，在丰厚学养的滋润下，进行创造性的转化，形成了“高华典雅、清新俊逸”的艺术风格，受到了世人的喜爱，得到邮迷们的追捧。在提倡国学复兴的今天，范曾先生独特的艺术创作很值得我们去深思、去研究，如何用高雅的艺术去拯救后现代主义的流弊，使我们的艺术创作与艺术鉴赏走向康庄大道。

1. 范曾先生以丰厚的学养传承了中国文化的风采

范曾先生对学问锐意进取，从来都是手不释卷。从小就跟从父亲饱读诗书，年近八十，仍能背诵十余首诗词，屈原的《离骚》、司马迁的《报任安书》等鸿篇巨制，亦通背如流。先生每日清晨五时起床，开始晨读，文史哲艺诸学科均浏览涉猎。先生近年来，对西方哲学兴趣益浓，其用功不辍。清晨起床，即展卷攻读德国哲学家康德的“三大批判”（《纯粹理性批判》《实践理性批判》《判断力批判》），每天阅读两个小时，先后花了八百多个小时，通读了康德的“三大批判”。康德的书，“深文隐蔚”，世人视为“天书”。先生读康德的书，却乐此不疲，津津有味，读至兴会处，常常拍案称奇，视康德为异代他国知己，以为神交久矣。前文已说范先生从《四库全书》八万卷书中精选出三百卷，准备展读；并把商务印书馆出版“汉译世界名著”系列中的“分科本·哲学”进行分类和编号，已开始系统地研读。先生勤于著述，著作等身，先后出版著作160多部，其中国家图书馆收藏了119部。拥有中外文化的丰厚的学养，范曾先生的艺术创作，立意深远，高擎“回归古典，回归自然”之大纛，置驿中西文化的畛域，穿透文史哲艺诸门学科的壁垒，他的作品建构了一个色彩瑰丽、气势恢弘的思想圣境。范曾先生通晓中外经典文献，或文，或史，或哲，或艺，无不了然于胸，自成高格；范曾先生以博雅之学对中国文化进行了“诗意的裁判”，七套邮票所展示的仁人志士的儒雅形象，就是先生坐拥中外文化的深厚学养，传递和呈现中国高雅文化风采的最为丰富饱满的胜迹。

2. 范曾先生以精湛的白描传写了中国文化的风骨

范曾先生在《我的自述》一书中，对自己的艺术风格的形成和锤炼过程有精辟而深刻的阐述："我曾经在中国历史博物馆，跟沈从文先生编绘中国历代服饰资料。这是件十分浩繁艰巨的工作，今天想来，是对我的考验和锻炼。闲暇时候，我整理我的艺术思路，发现这样一条清晰的线索：从顾恺之——吴道子——李公麟——赵孟頫——陈洪绶——任熊、任熏——任伯年是中国白描线条的发展史，对此我不是曾痛下苦功吗？从五代的石恪到南宋的梁楷，到明末清初的八大山人、石涛，到乾隆年间的'扬州八怪'，他们言简意赅的艺术语言，我不曾心摹手追吗？是的，我有力量将线描勾勒和大泼墨结合起来，创造崭新的、属于自己的世界。"范曾先生在总结自己艺术探索之路时说过，蒋兆和先生用西方的素描和中国传统山水的皴擦之法为人物写神，确实达到至高之境；如果自己想在艺术有所作为就应该从这种画法中超越出去，另辟蹊径。范曾先生在诸位大师的感染之下，博学通识，兼收并蓄，他决定回归传统、回归古典。范曾先生沿着"从顾恺之到任伯年"赓续的中国白描线条的发展史的作品、意境和传统，痛下苦功，几十年的霜晨雨夜、焚膏继晷、孜孜矻矻，终于形成"以诗为魂、以书为骨"、"清新隽秀"的艺术风格。范曾先生在七言律诗《论白描》展示这种艺术深远的意境："琤琮夜半隔窗鸣，迓雪寒梅立娉婷。总觉胭脂成腐秽，须教水墨化阴晴。千岩滴透原无色，一线穿空若有声。信是当风吴道子，古灯如月我高擎。"范曾先生的线条是几十年刻骨铭心的苦修而成，是几十年情感与心血的积淀而成，是几十年的才情与性情吟哦而成，是几十年至高的理智驾驭至高的热情锤炼而成。“一线穿空若有声”既展现了中国画家写物造型的气派和风度，承载和传承了中国文化的风骨，展现了范曾先生往哲的克绍箕裘，也足见先生“来吾导夫先路”的自信和胸襟，在弘扬中国传统文化的伟业中厥功至钜。

3. 范曾先生以生动的气韵传续了中国文化的风神

张彦远《历代名画记》所说：“昔谢赫云：画有六法：一曰气韵生动，二曰骨法用笔，三曰应物象形，四曰随类赋彩，五曰经营位置，六曰传模移写。自古画人罕能兼之。”范曾先生对谢赫如是评价：“一千五百年前能对绘画作如此全面而精到的概括，不能不认为是一种创举。其中第一点‘气韵生动’，这是谢赫对绘画作品总的要求，这一点对后世影响极大，历代画家无不以之为高致、为极则，成为造就巨擘大师的终极追索。”范曾先生的人物画充分展示和阐释了“气韵生动”。范曾先生的人物画除了对眼神与五官的精心锻造之外，他所创造的“有意味的形式”支撑起“气韵生动”这美轮美奂的世界。“有意味的形式”来源于范曾先生对中国绘画传统几十年“所向无空洞”的创造性的继承，尤其是对“吴带当风”与“曹衣出水”的独到的理解与发挥。

范曾先生创作这七套邮票，前两套在20世纪80年代，我尚年少，无缘旁观，后5套邮票，有幸观瞻，亲历并见证了大师创作的风采，喜不自胜！关于前两套邮票印制和设计，我采访了多位邮票设计师，大家都盛赞范曾先生对中国邮票事业的贡献，尤其是对先生无偿创作邮票的高风亮节，在市场经济浪潮汹涌的今天，更令人感佩不已！爰成此文，正值范曾先生从艺60周年、高寿八秩之纪念，心香一瓣，聊作芹献！

范曾先生在即兴创作　　姚大伟 摄

邮票篇：

齐白石作品选（小型张）

大匠之門

范曾題

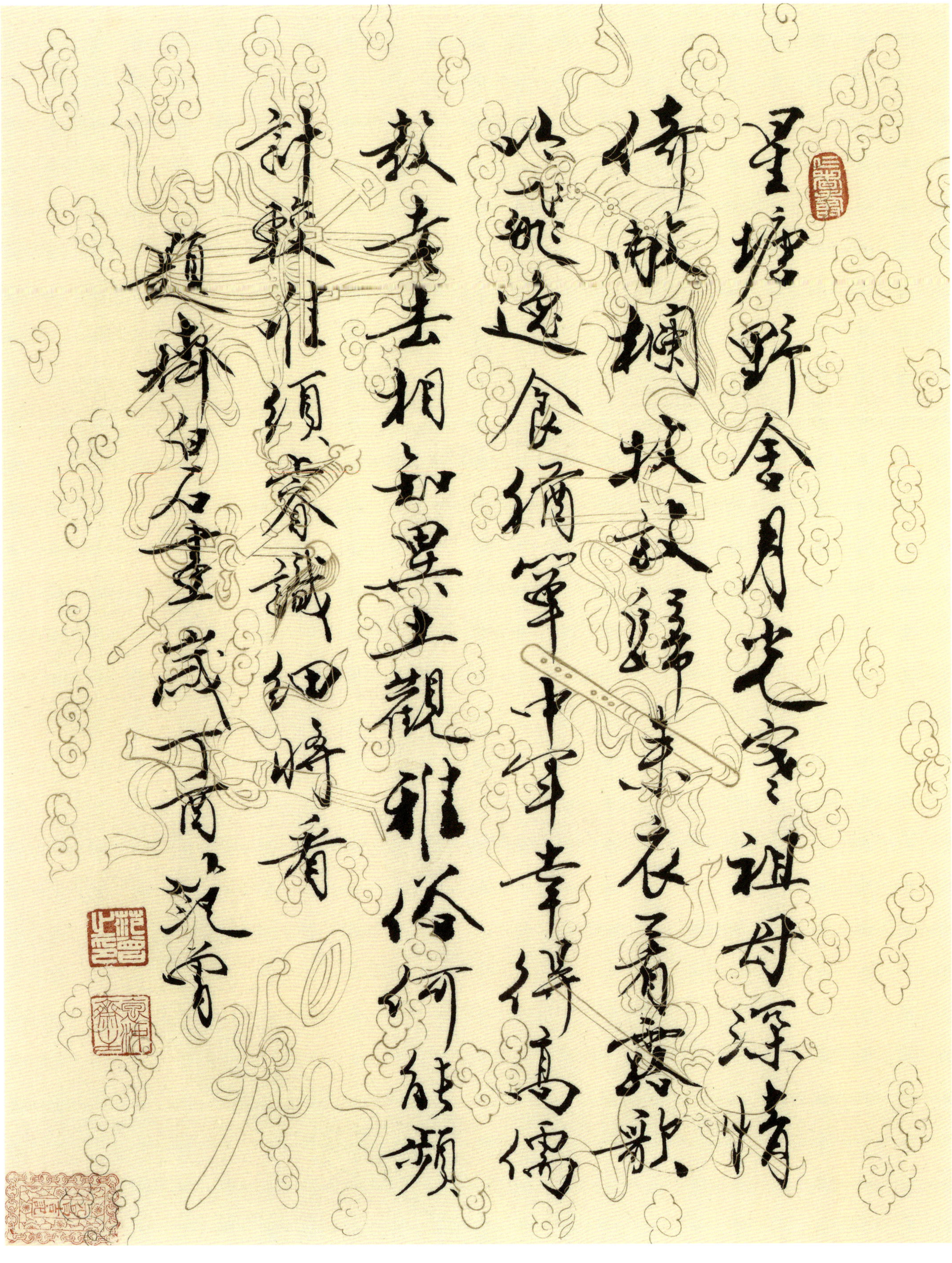
星塘野舍月光寒祖母深情
計較往須審識細將看
題樹白石畫 歲丁酉 范曾

齐白石（1864—1957）

中国书画家、篆刻家。原名纯芝，字渭清。后改名璜，字濒生，号白石，别号借山吟馆主者、寄萍老人等，湖南湘潭人。早年曾为木工，后结交当地文人，学习绘画、诗文、篆刻、书法，靠为人写照、卖画、刻印为生。五十七岁后定居北京。常与陈衡恪相切磋，推崇徐渭、朱耷、原济、李鱓及吴昌硕等诸家，六十岁后，画风遽变，重视创造，融合传统写意画和民间绘画表现技法，形成独特的艺术风格。擅花鸟虫鱼，笔墨纵横雄健，造型简练质朴，色彩鲜明热烈，并善于将阔笔写意花卉与微毫毕现的草虫巧妙结合。亦画山水、人物。篆刻初学浙派，后多取法汉代凿印，布局奇肆朴茂，单刀直下，劲辣有力。建国后，曾任中国美术家协会主席。能诗文，有《借山吟馆诗草》《白石诗草》。

（摘自2011年版《辞海》）

齐白石作品选（小型张）邮票原稿

T.44M 齐白石作品选

面　　值：2元
小型张规格：120mm×86mm
邮票规格：38.5mm×62mm
齿孔度数：P11.5
设计者：邵柏林
版　　别：影写版
印刷机构：北京邮票厂

小型张主图原画作者：齐白石
齐白石素描作者：范　曾

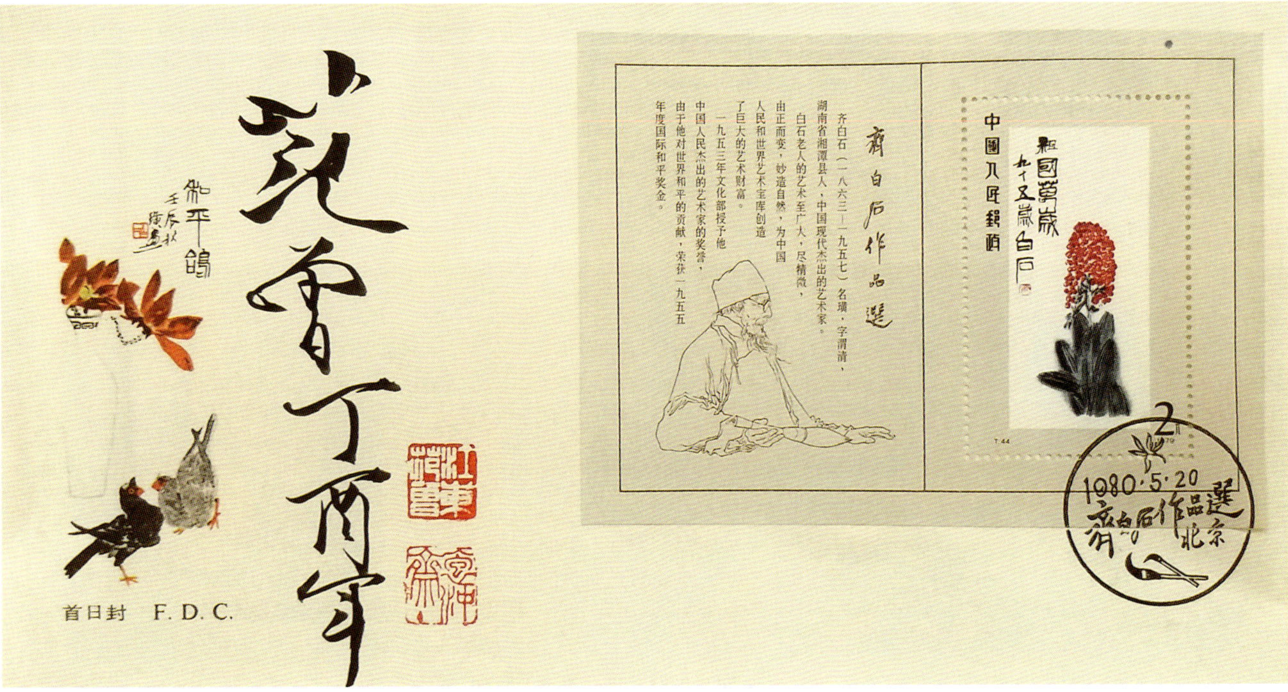
齐白石作品选
齐白石（一八六三—一九五七）名璜，字渭清，湖南省湘潭县人，中国现代杰出的艺术家。
白石老人的艺术至广大，尽精微，由正而变，妙造自然，为中国人民和世界艺术宝库创造了巨大的艺术财富。
一九五三年文化部授予他中国人民杰出的艺术家的奖誉，由于他对世界和平的贡献，荣获一九五五年度国际和平奖金。
中国人民邮政
1980·5·20
北京
首日封 F. D. C.

齊白石作品選
齐白石（一八六三—一九五七）名璜，字渭清，湖南省湘潭县人，中国现代杰出的艺术家。
白石老人的艺术至广大，尽精微，由正而变，妙造自然，为中国人民和世界艺术宝库创造了巨大的艺术财富。
一九五三年文化部授予他中国人民杰出的艺术家的奖誉，由于他对世界和平的贡献，荣获一九五五年度国际和平奖金。
中國人民郵政
T.44.
1979
2元

邮票篇：中国古代科学家（第三组）

天工開物

范曾題

且刻劃精審蔚為一時佳話士翼何幸
從篤實思勰徐光啟李冰黃道婆京劉
鄴棄之選所謂鍾接前賢克紹箕裘斯
其例也吾老矣猶為故國鄉邦事業
聊盡綿力世之藏家亦頗不吝好評正國
運逢盛之徵也題贊言如上以謝命題刻
印諸公

歲丁酉江東士翼范曾

春秋戰國之間有墨子出焉其於光學力學皆具肇始之功戰國莊子雖於機心機事或有微詞而不礙科學家之產生中國郵政殊重歷代科技發展吾師兆和蔣先生所創張衡一行李時珍祖沖之出天下震動不止先生造型精妙京

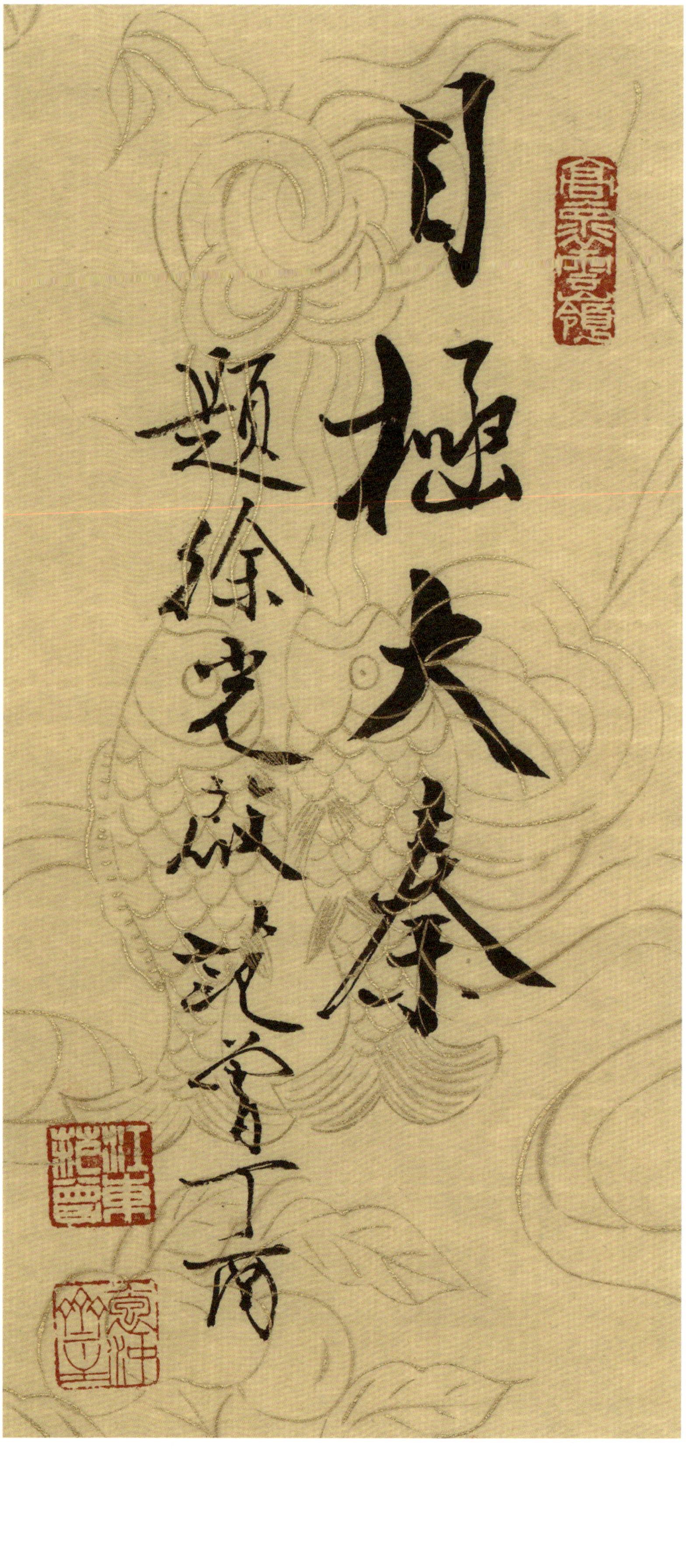

徐光启（1562—1633）

明代科学家。字子先，号玄扈，谥文定，上海县人。万历三十二年(1604年)进士。万历三十一年入天主教。崇祯五年(1632年)升任礼部尚书兼东阁大学士，并参机要；崇祯六年兼任文渊阁大学士。研究范围广泛，以农学、天文学、数学为突出，较早师从利玛窦等学习西方的天文、历法、数学、测量和水利等科学技术并介绍到中国，是介绍和吸收欧洲科学技术的积极推动者。编著《农政全书》，主持编译《崇祯历书》，译著《几何原本》等。

（摘自2011年版《辞海》）

《中国古代科学家》（第三组）邮票
第1枚“徐光启”原稿

J.58（4-1）　中国古代科学家　徐光启

面　　值：8分
规　　格：30mm×40mm
齿孔度数：P11.5
原 作 者：范　曾
设 计 者：邓锡清
雕 刻 者：高品璋　李庆发　孙鸿年　阎炳武
版　　别：影雕套印
印刷机构：北京邮票厂

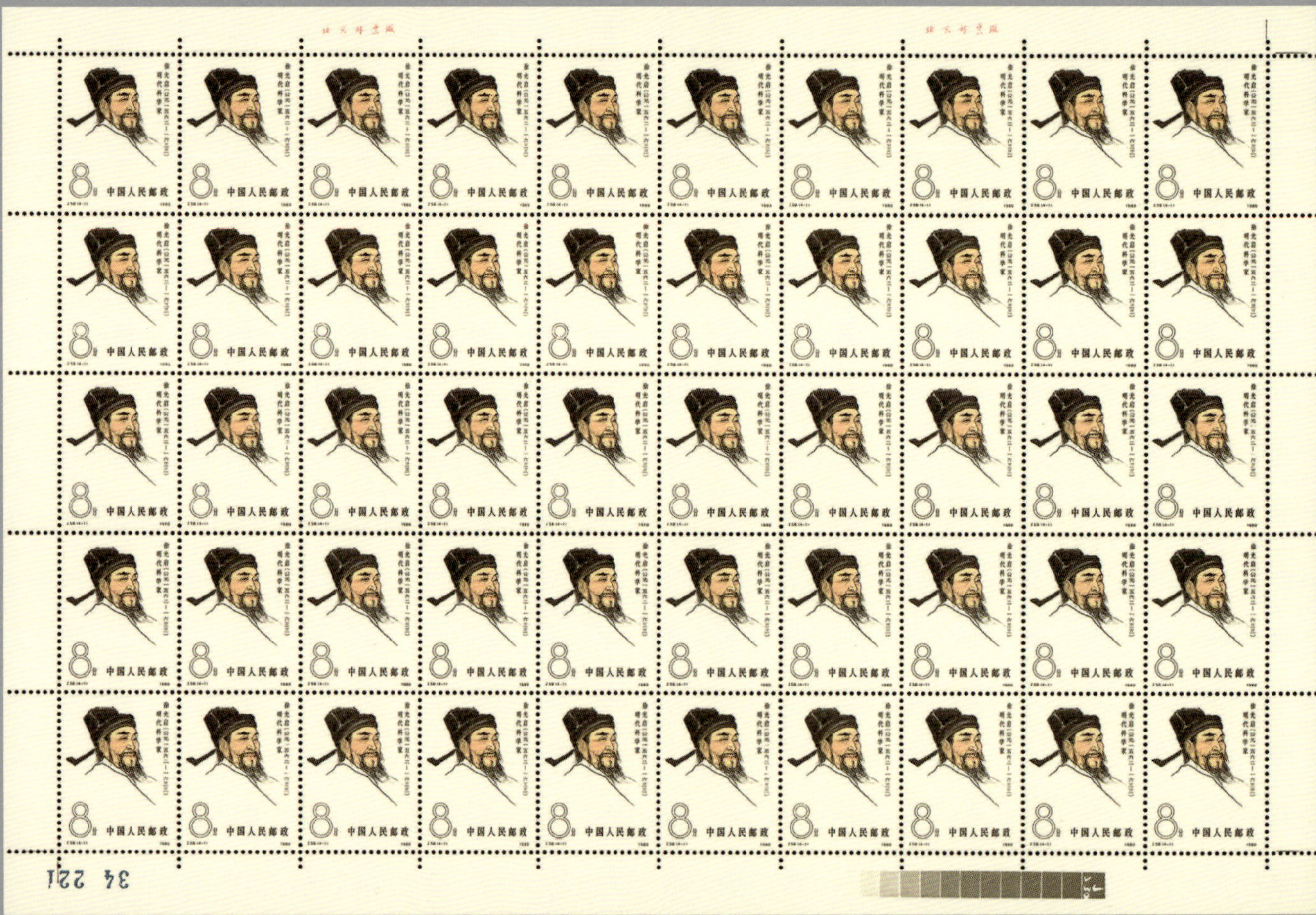
中国人民邮政

徐光启（公元一五六二—一六三三）
明代科学家
8分
中国人民邮政
1980
中国古代科学家（3）徐光启
邮政编码

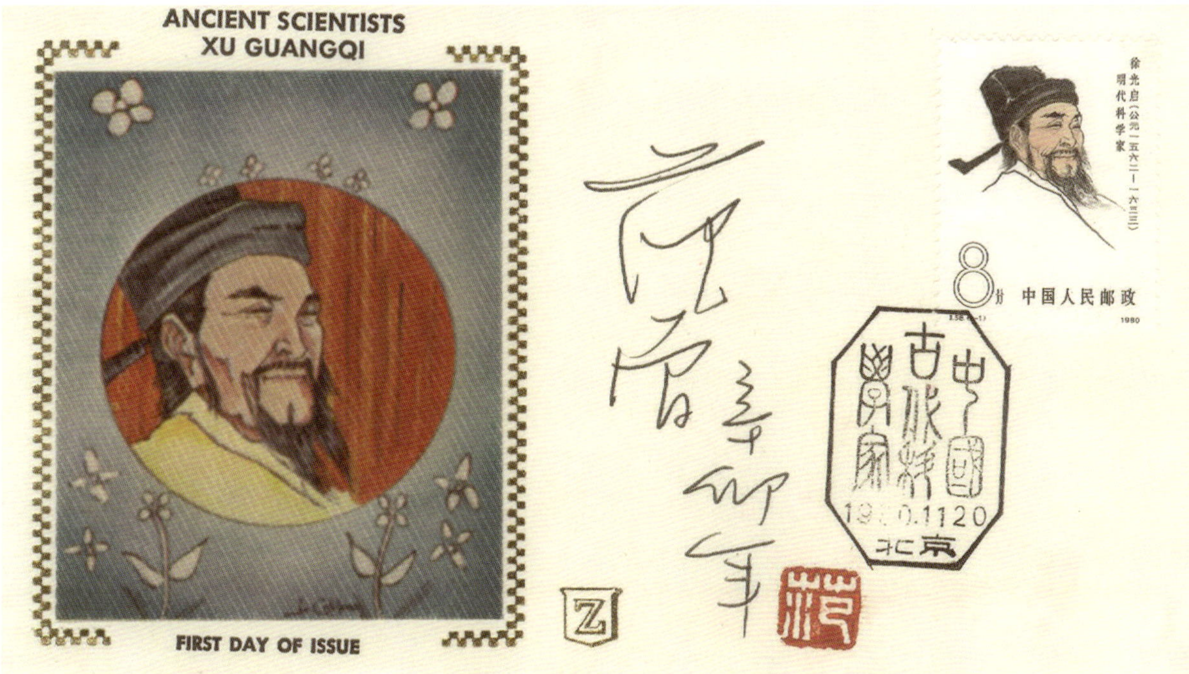
ANCIENT SCIENTISTS
XU GUANGQI
FIRST DAY OF ISSUE
徐光启（公元一五六二—一六三三）
明代科学家
8分
中国人民邮政
1980
1980.11.20
北京

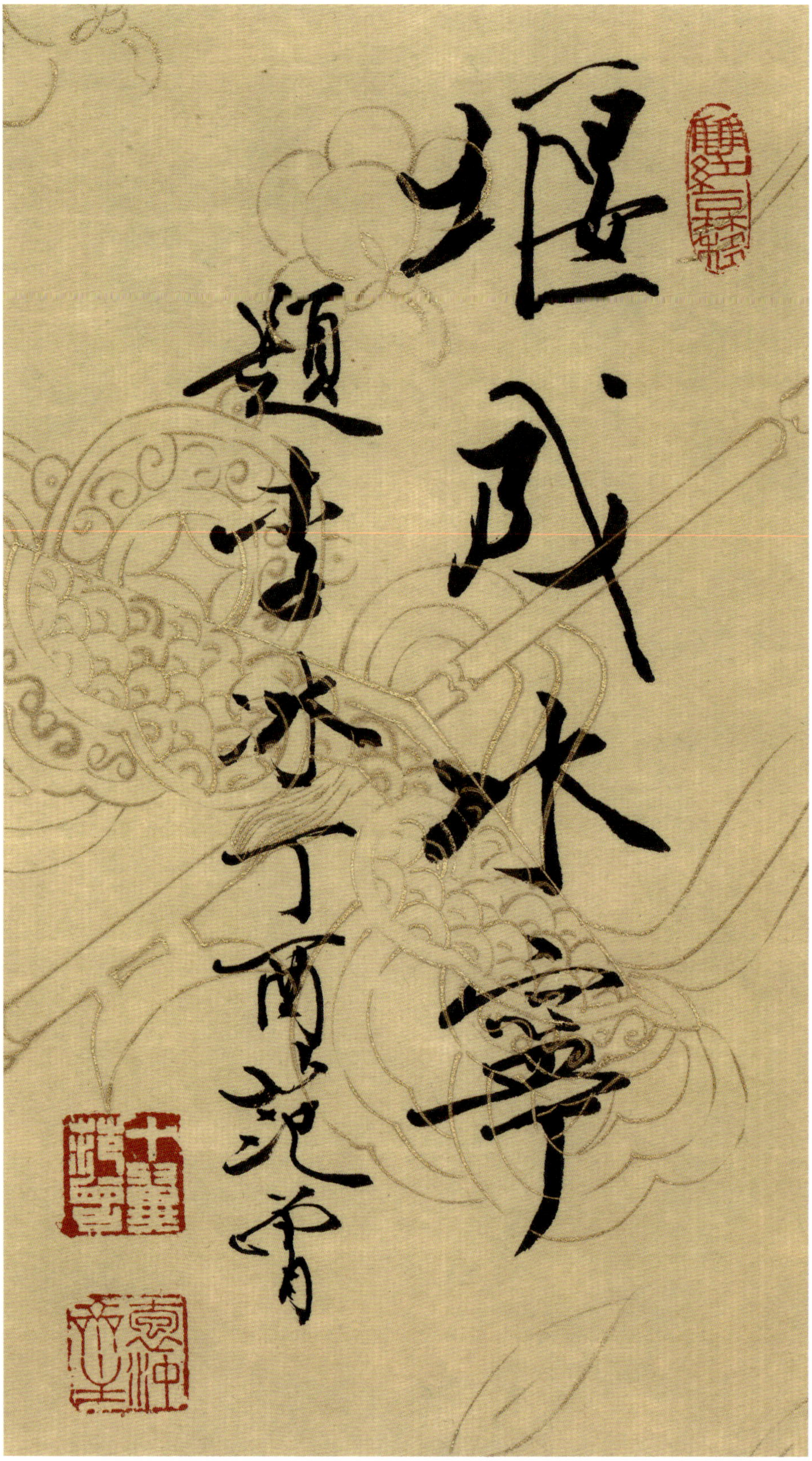
堰武水亭
題李泳
丁酉范曾

李 冰（公元前3世纪）

战国时水利家。约秦昭王五十一年（公元前256年）至五十六年任蜀郡守。征发民工在岷江流域兴办多项水利工程，以都江堰最著名，二千二百多年来在川西平原效益卓著。又主持凿平青衣江的溷崖（今四川夹江境），治导什邡等县的洛水和邛崃等县的汶井江，并穿广都（今双流境）盐井诸陂池等工程。见《华阳国志·蜀志》。

（摘自2011年版《辞海》）

《中国古代科学家》（第三组）邮票
第2枚"李冰"原稿

J.58（4-2） 中国古代科学家 李 冰

面　　值：8分
规　　格：30mm×40mm
齿孔度数：P11.5
原 作 者：范 曾
设 计 者：邓锡清
雕 刻 者：高品璋 李庆发 孙鸿年 阎炳武
版　　别：影雕套印
印刷机构：北京邮票厂

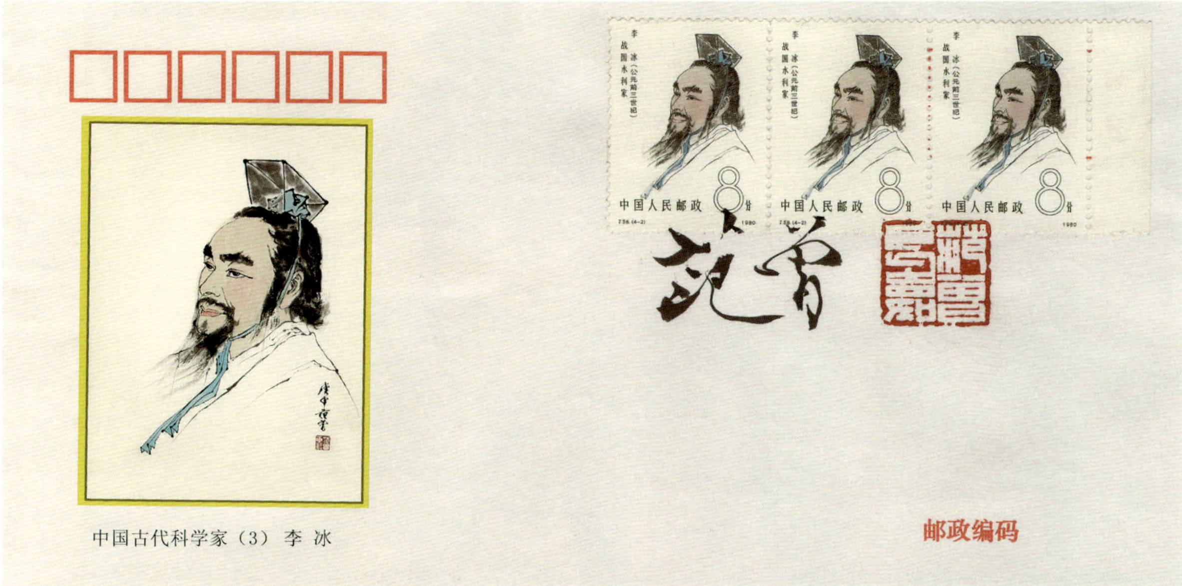
李 冰（公元前三世纪）
战国水利家
中国人民邮政
8分
1980
中国古代科学家（3）李 冰
邮政编码

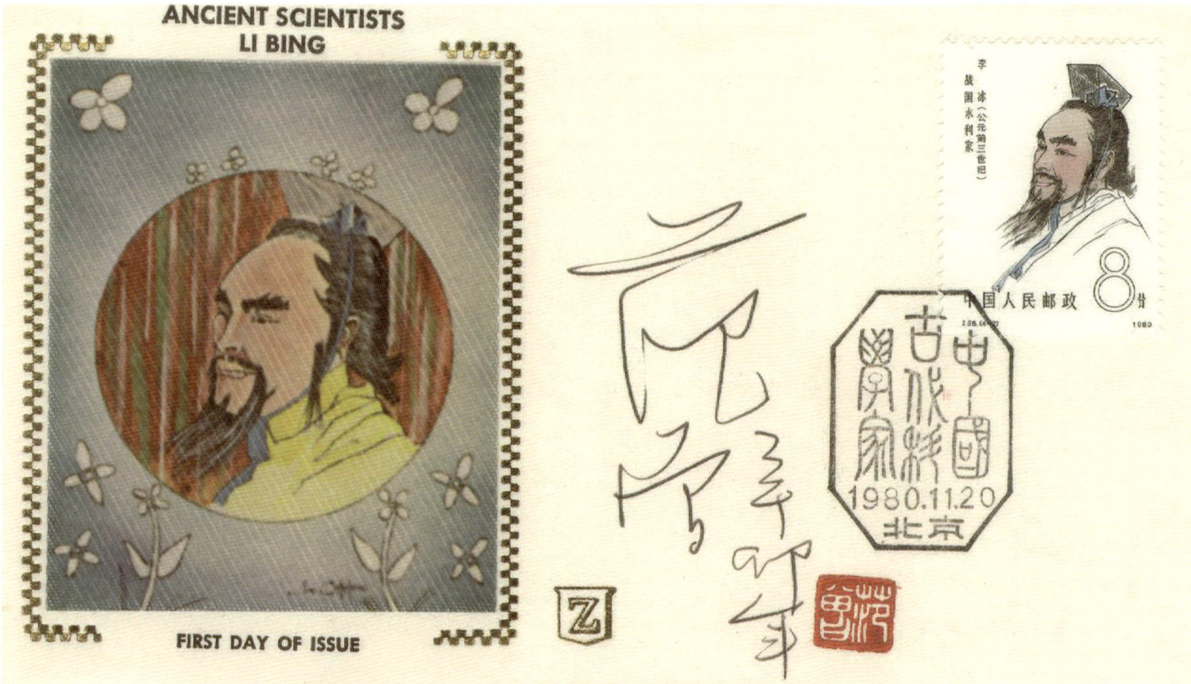
ANCIENT SCIENTISTS
LI BING
FIRST DAY OF ISSUE
李 冰（公元前三世纪）
战国水利家
中国人民邮政
8分
1980
1980.11.20
北京

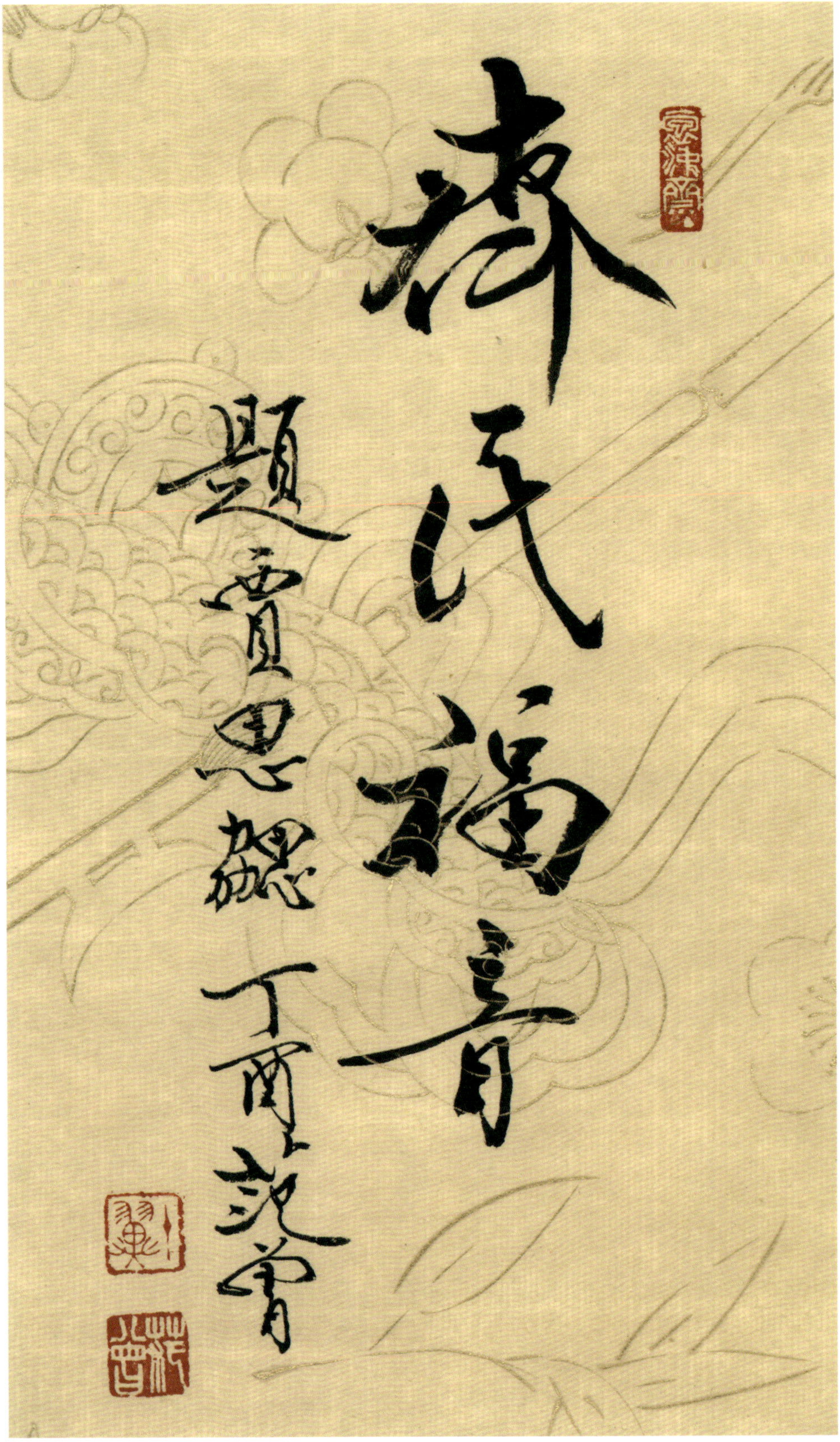
齊民福音
題賈思勰 丁酉范曾

贾思勰（公元5世纪——6世纪中叶）

南北朝北魏农学家。齐郡益都（治今山东寿光南）人。曾任北魏高阳郡（治今河北高阳东）太守。具有广泛的农事知识。他以搜集到的文献资料，访问老农和观察、试验所得，写成《齐民要术》一书而知名于后世。

（摘自2011年版《辞海》）

《中国古代科学家》（第三组）邮票
第3枚“贾思勰”原稿

J.58（4-3）　中国古代科学家　贾思勰

面　　值：8分
规　　格：30mm×40mm
齿孔度数：P11.5
原 作 者：范　曾
设 计 者：邓锡清
雕 刻 者：高品璋　李庆发　孙鸿年　阎炳武
版　　别：影雕套印
印刷机构：北京邮票厂

74 250
中国人民邮政

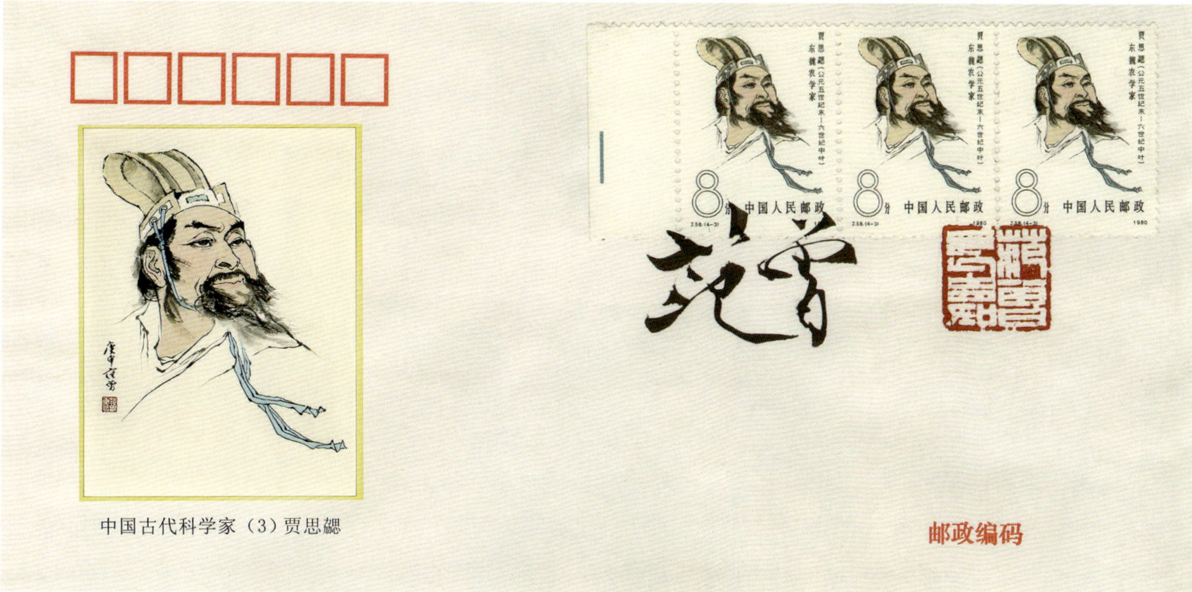
中国人民邮政
中国人民邮政
中国人民邮政
范曾
中国古代科学家（3）贾思勰
邮政编码

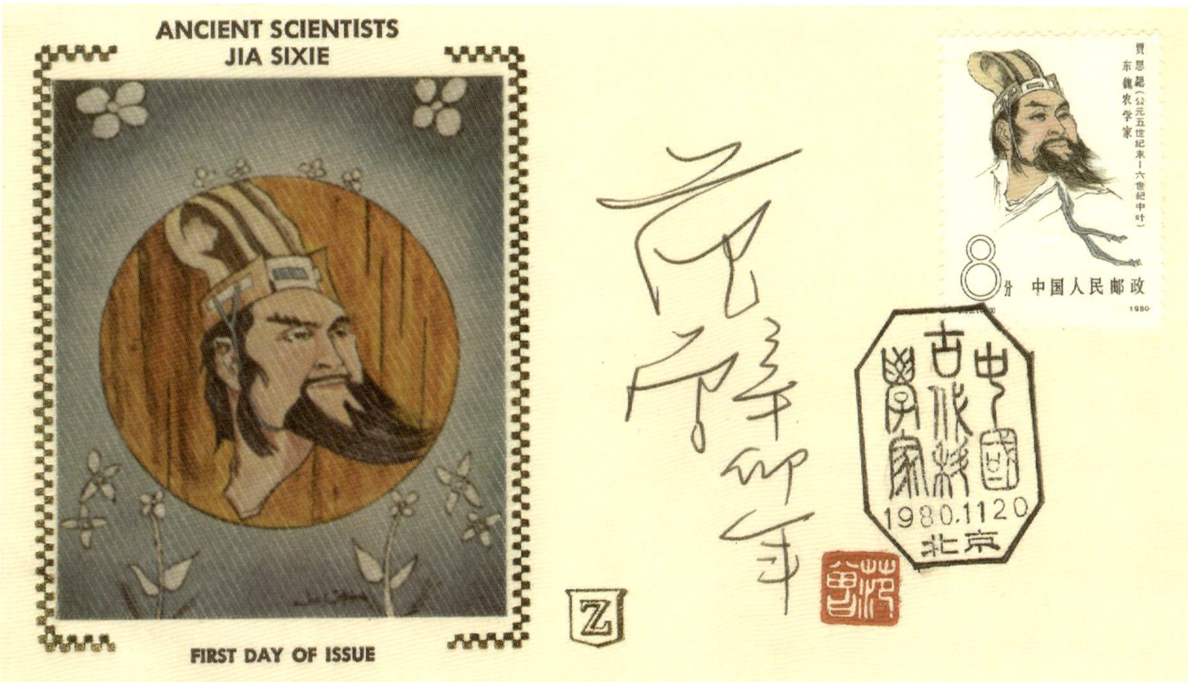
ANCIENT SCIENTISTS
JIA SIXIE
FIRST DAY OF ISSUE
中国人民邮政
1980.11.20
北京

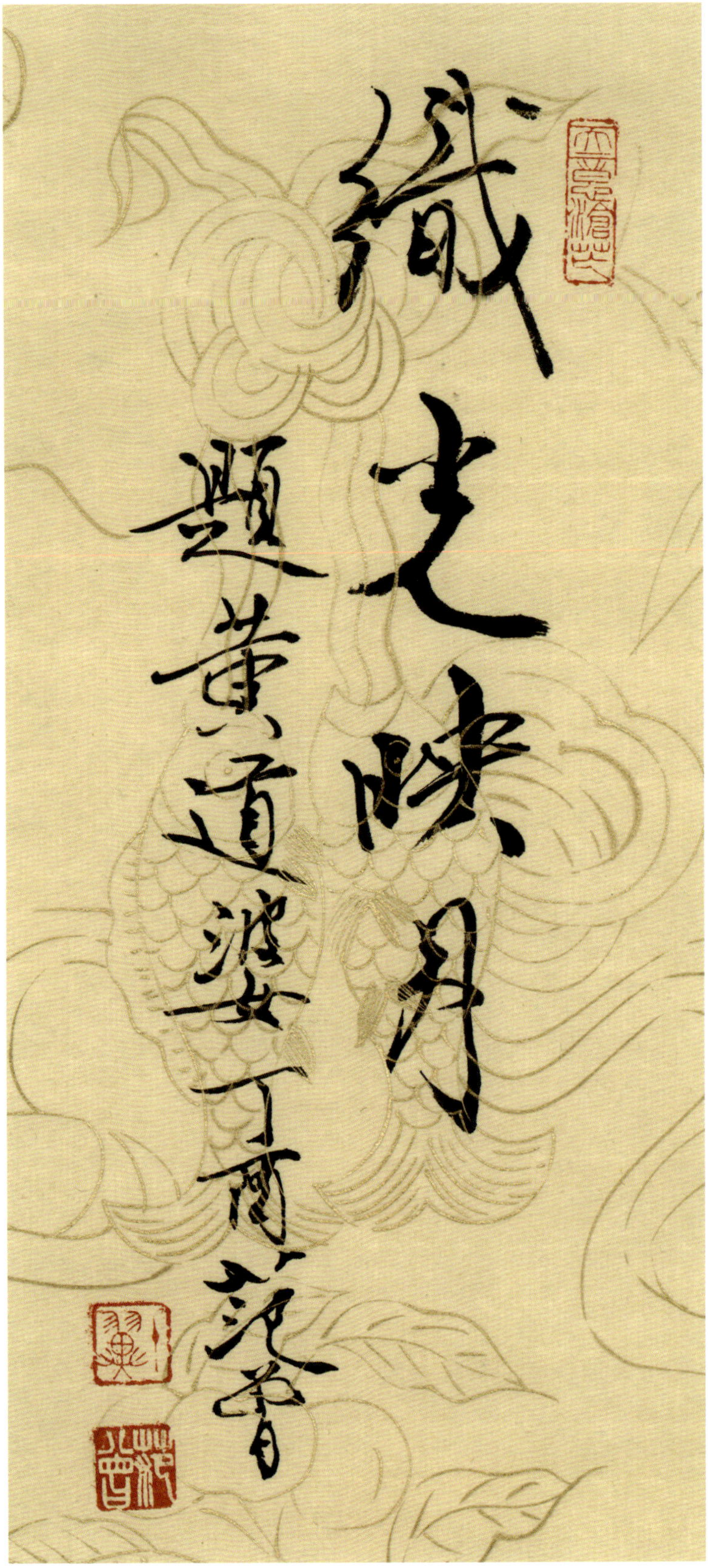
織光映月
題黃道婆丁酉

黄道婆（公元13世纪中叶——14世纪初）

又称黄婆。元代女纺织技术革新家。松江乌泥泾(今上海徐汇区东湾村)人。少年流落崖州(治今海南三亚)，从黎族人民学得纺织技术。13世纪末返回故乡，改革轧花车、弹棉椎弓、纺车等纺织工具以及织造、配花、织花等技术，促使松江一带棉纺织业繁荣发展，对当时植棉和纺织业起了推动作用。上海徐汇区东湾村建有黄道婆墓。

（摘自2011年版《辞海》）

《中国古代科学家》（第三组）邮票
第4枚“黄道婆”原稿

J.58（4-4）　中国古代科学家　黄道婆

面　　值：60分
规　　格：30mm×40mm
齿孔度数：P11.5
原 作 者：范　曾
设 计 者：邓锡清
雕 刻 者：高品璋　李庆发　孙鸿年　阎炳武
版　　别：影雕套印
印刷机构：北京邮票厂

黄道婆（公元十三世纪中叶－十四世纪初）元代纺织技术家
中国人民邮政 60分
1980
中国古代科学家（3）黄道婆
邮政编码

ANCIENT SCIENTISTS
HUANG DAOPO
FIRST DAY OF ISSUE
黄道婆（公元十三世纪中叶－十四世纪初）元代纺织技术家
中国人民邮政 60分
1980
1980.11.20
北京

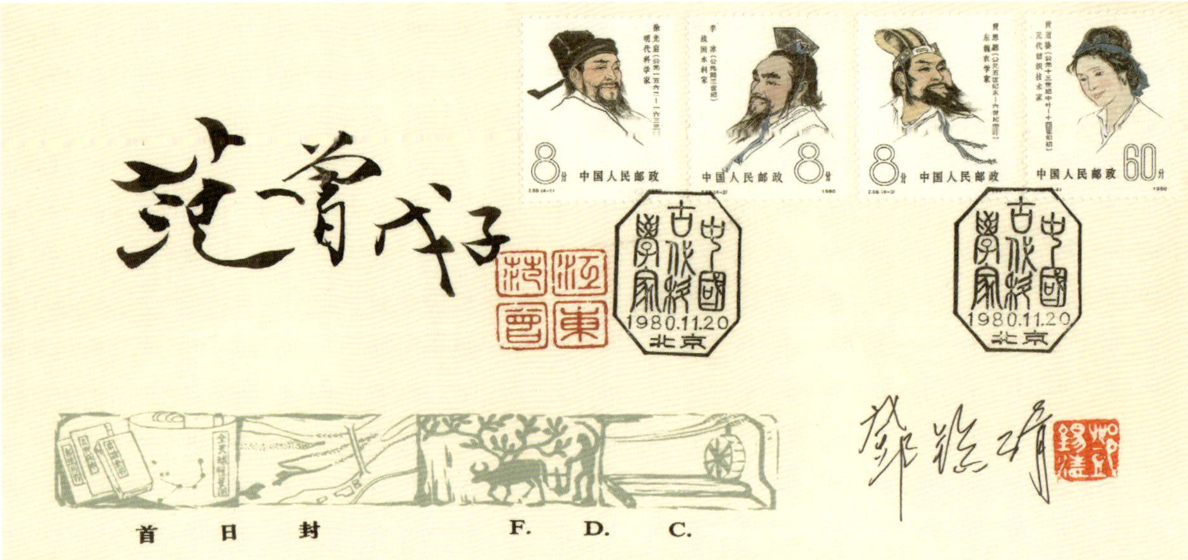
首 日 封 F. D. C.

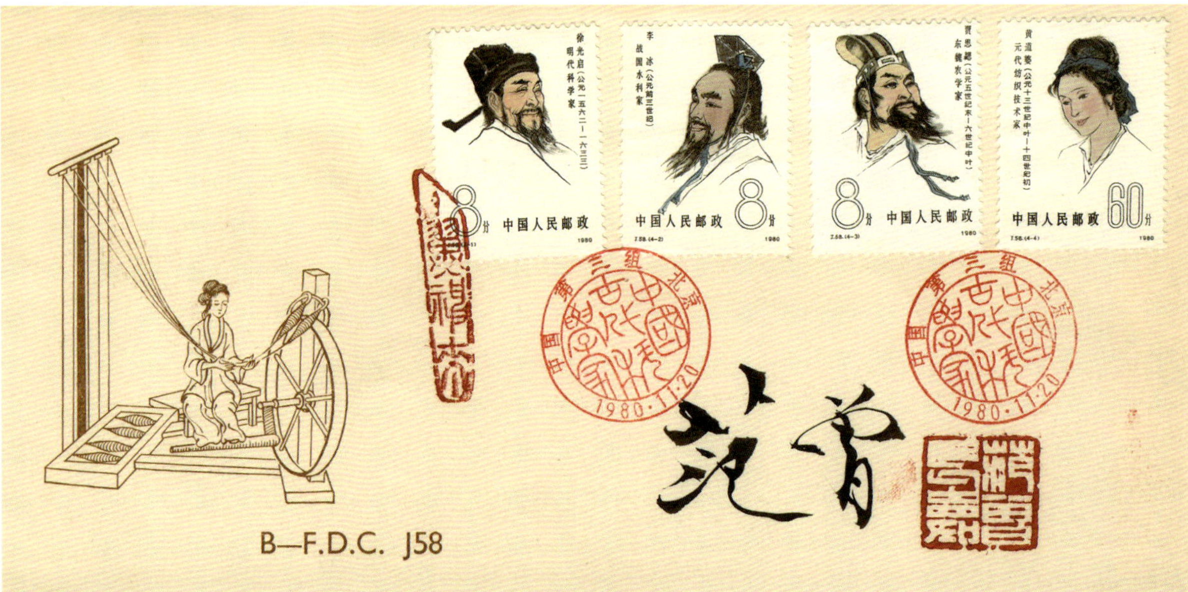
B—F.D.C. J58

范曾
航空
AIR MAIL
掛號
REGISTERED
A.R
R
984
馮光澤
FONG ONG CHAK
90 VICTORIA STREET,
SINGAPORE 0718.
REPUBLIC OF SINGAPORE
新加坡
BY AIR MAIL
PAR AVION
中国人民邮政

中國古代科學家

邮票篇：

中国古代书院（二）

石鼓書院

韩 愈 (768—824)

唐文学家、哲学家。字退之，河南河阳(今河南孟州南)人。自谓郡望昌黎，世称韩昌黎。早孤，由兄嫂抚养，刻苦自学。贞元进士。任监察御史，以事贬为阳山令。赦还后曾任国子博士、刑部侍郎等职。参预平定淮西之役。又因谏阻宪宗迎佛骨，贬为潮州刺史。后官至吏部侍郎。卒谥文，世称韩文公。政治上反对藩镇割据，思想上尊儒排佛。力反六朝以来的骈偶文风，提倡散体，与柳宗元同为古文运动的倡导者。散文在继承先秦、两汉古文的基础上，加以创新和发展，气势雄健，被列为唐宋八大家之首。所作《原道》《原性》，强调自尧舜至孔孟一脉相传的道统，维护儒家的正统地位；又认为人性有上、中、下三品之分。但在《师说》中则承认“人非生而知之者”，并提出“弟子不必不如师，师不必贤于弟子”的合理见解。其诗风奇崛雄伟，力求新警，有时流于险怪。又善为铺陈，好发议论，有“以文为诗”之评，对宋诗影响颇大。有《昌黎先生集》。

（摘自2011年版《辞海》）

《中国古代书院》（二）邮票
第1枚“石鼓书院”原稿

2009-27（4-1）　中国古代书院　石鼓书院

面　　值：1.20元
规　　格：33mm×44mm
齿孔度数：P13.5
设 计 者：范　曾 邹玉利
版　　别：影写版
印刷机构：北京邮票厂

古代书院（二）

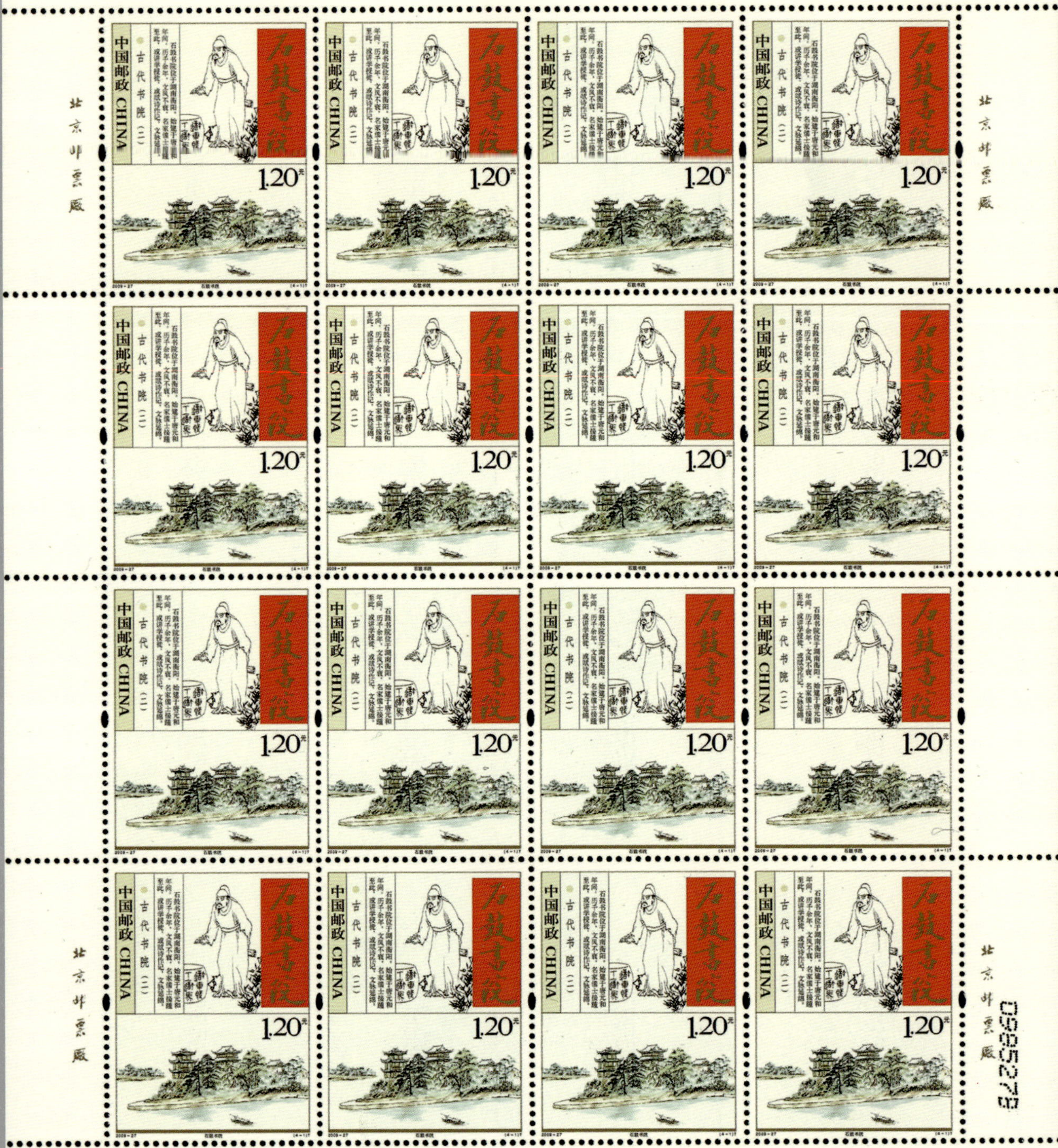

古代书院（二）
中国邮政 CHINA
1.20元
石鼓书院 · 安定书院 · 鹅湖书院 · 东坡书院
北京邮票厂
D287619A

安定書院

胡　瑗 (998—1059)

北宋初学者，教育家。字翼之。泰州海陵(今江苏泰州)人。世居陕西路的安定堡，学者称安定先生。曾任国子监直讲、太子中允、侍讲，官至太常博士。讲学于苏州、湖州间达二十余年。和孙复、石介提倡“以仁义礼乐为学，并称“宋初三先生”。讲“明体达用”之学。“体”是封建道德的准则。“用”即是准则的应用。提出“命者禀之于天性者命之在我”，开宋儒性命之学的先声。谓“致天下之治者在人才，成天下之才者在教化，教化之所本者在学校”。讲学分经义、治事两斋，严立学规，以身示范。当时有明令以其教授方法为太学法。著作有《论语说》《春秋口义》(已佚)。

（摘自2011年版《辞海》）

《中国古代书院》（二）邮票
第2枚“安定书院”原稿

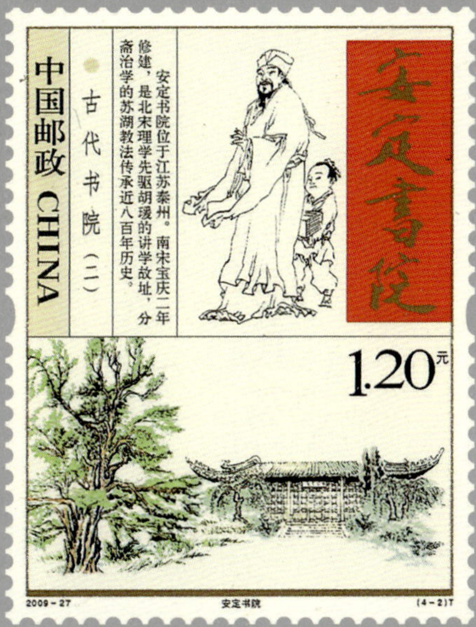

2009-27（4-2）T　中国古代书院　安定书院

面　　值：1.20元
规　　格：33mm×44mm
齿孔度数：P13.5
设 计 者：范　曾　邹玉利
版　　别：影写版
印刷机构：北京邮票厂

古代书院（二）
中国邮政 CHINA
古代书院（二）
1.20元
北京邮票厂
0985448

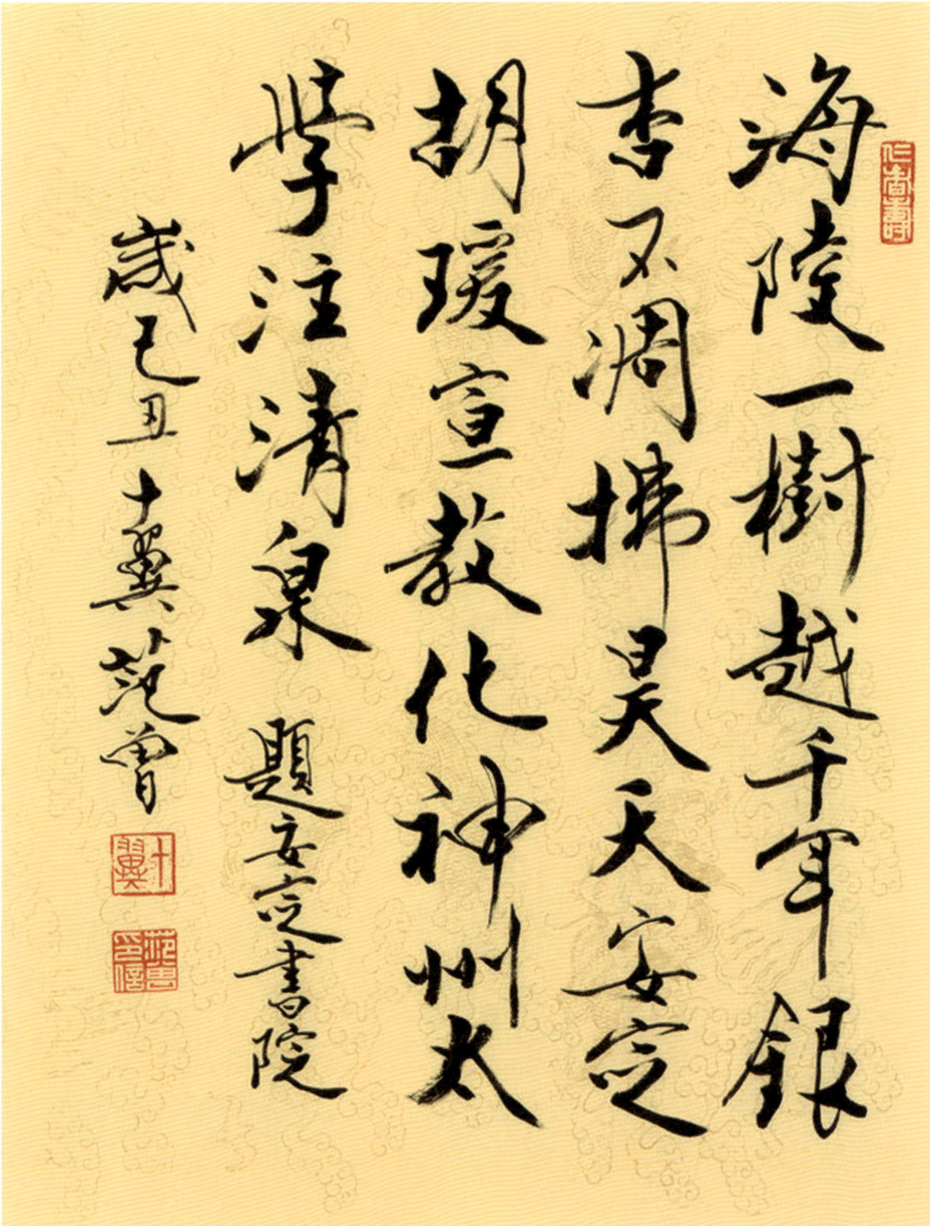
海陵一樹越千年銀
杏又閱拂昊天安定
胡瑗宣教化神州太
學注清泉
題安定書院
歲己丑大寒范曾

鵝湖書院

朱　熹（1130—1200）

南宋哲学家、教育家。字元晦，一字仲晦，号晦庵，别称紫阳。祖籍徽州婺源(今属江西)，生于南剑州尤溪(今隶福建)，侨寓建阳(今属福建)。任秘阁修撰等职。主张抗金，并强调准备。师事李侗，为二程(颢、颐）四传弟子。博极群书，广注典籍，对经学、史学、文学、乐律以至自然科学有不同程度贡献。从事教育五十余年强调启发式。他的博览和精密分析的学风对后世学者很有影响。著作有《四书章句集注》《周易本义》《诗集传》《楚辞集注》，及后编纂的《晦魔先生朱文公文集)和《朱子语类》等多种 。

陆九渊（1139—1193）

南宋哲学家、教育家。字子静，自号存斋。抚州金溪(今属江西)人。曾结茅讲学于象山(在今江西贵溪西南)，学者称象山先生。乾道进士。任靖安县、崇安县主簿，国子正，官至奉议郎知荆门军。其学与兄九韶、九龄并称“三陆子之学”。“心学”创始人。提出“心即理”说，断言天理、人理、物理只在吾心之中，心是唯一的实在，“宇宙便是吾心，吾心即是宇宙。”认为“心”和“理”是永久不变的：“千万世之前有圣人出焉，同此心，同此理也；千万世之后有圣人出焉，同此陆九渊心，同此理也；东南西北海有圣人出焉，同此心，同此理也。”治学方法是“立大”，“知本”发明本心”。认为只要悟得本心，不必多读书，“学苟知本，六经皆我注脚”。在“太极”“无极”问题和治学方法上，和朱熹进行长期的辩论。他的学说后由明王守仁继承发展，形成陆王学派。著作编为《象山先生全集》。

（摘自2011年版《辞海》）

《中国古代书院》（二）邮票
第3枚“鹅湖书院”原稿

2009-27（4-3）T　中国古代书院　鹅湖书院

面　　值：1.20元
规　　格：33mm×44mm
齿孔度数：P13.5
设 计 者：范　曾 邹玉利
版　　别：影写版
印刷机构：北京邮票厂

古代书院(二)

中国邮政 CHINA
1.20元
中国邮政 CHINA
1.20元
2009.11.15 中国
首日封 F.D.C.
邮政编码：

東坡書院

苏轼（1037—1101）

北宋文学家、书画家。字子瞻，号东坡居士，眉州眉山（今属四川）人。苏洵子。嘉祐进士。神宗时曾任祠部员外郎，因反对王安石新法而求外职，任杭州通判，知密州、徐州、湖州。后以作诗谤讪朝廷罪贬谪黄州。哲宗时任翰林学士，曾出知杭州、颍州等，官至礼部尚书。后又贬谪惠州、儋州。北还后第二年病死常州。南宋时追谥文忠。与父洵弟辙，合称“三苏”。在政治上属于旧党，但也有改革弊政的要求。文汪洋恣肆明白畅达，为“唐宋八大家”之一。诗清新豪健，善用夸张比喻，在艺术表现方面独具风格。词开豪放一派，对后代很有影响。《念奴娇·赤壁怀古》《水调歌头·丙辰中秋》传诵甚广。擅长行书楷书，取法李邕、徐浩、颜真卿、杨凝式，而能自创新意。用笔丰腴跌宕，有天真烂漫之趣。与蔡襄、黄庭坚、米芾并称“宋四家”。能画竹，学文同，也喜作枯木怪石。论画主张“神似”，认为“论画以形似，见与儿童邻”；高度评价“诗中有画，画中有诗”的艺术造诣。诗文有《东坡七集》等。词集有《东坡乐府》。存世书迹有《答谢民师论文帖》《祭黄几道文》《前赤壁赋》《黄州寒食诗帖》等。画迹有《枯木怪石图》《竹石图》等。

（摘自2011年版《辞海》）

《中国古代书院》（二）邮票
第4枚“东坡书院”原稿

2009-27（4-4）T　中国古代书院　东坡书院

面　　值：1.20元
规　　格：33mm×44mm
齿孔度数：P13.5
设 计 者：范　曾　邹玉利
版　　别：影写版
印刷机构：北京邮票厂

古代书院（二）

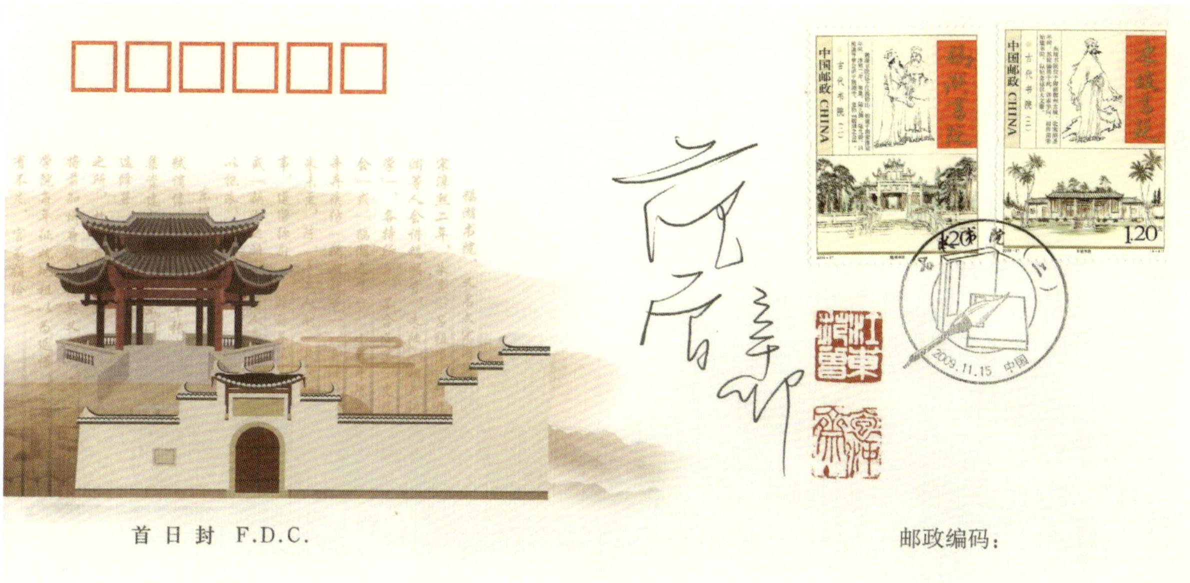
中国邮政 CHINA
中国邮政 CHINA
1.20
2009.11.15 中国
首日封 F.D.C.
邮政编码：

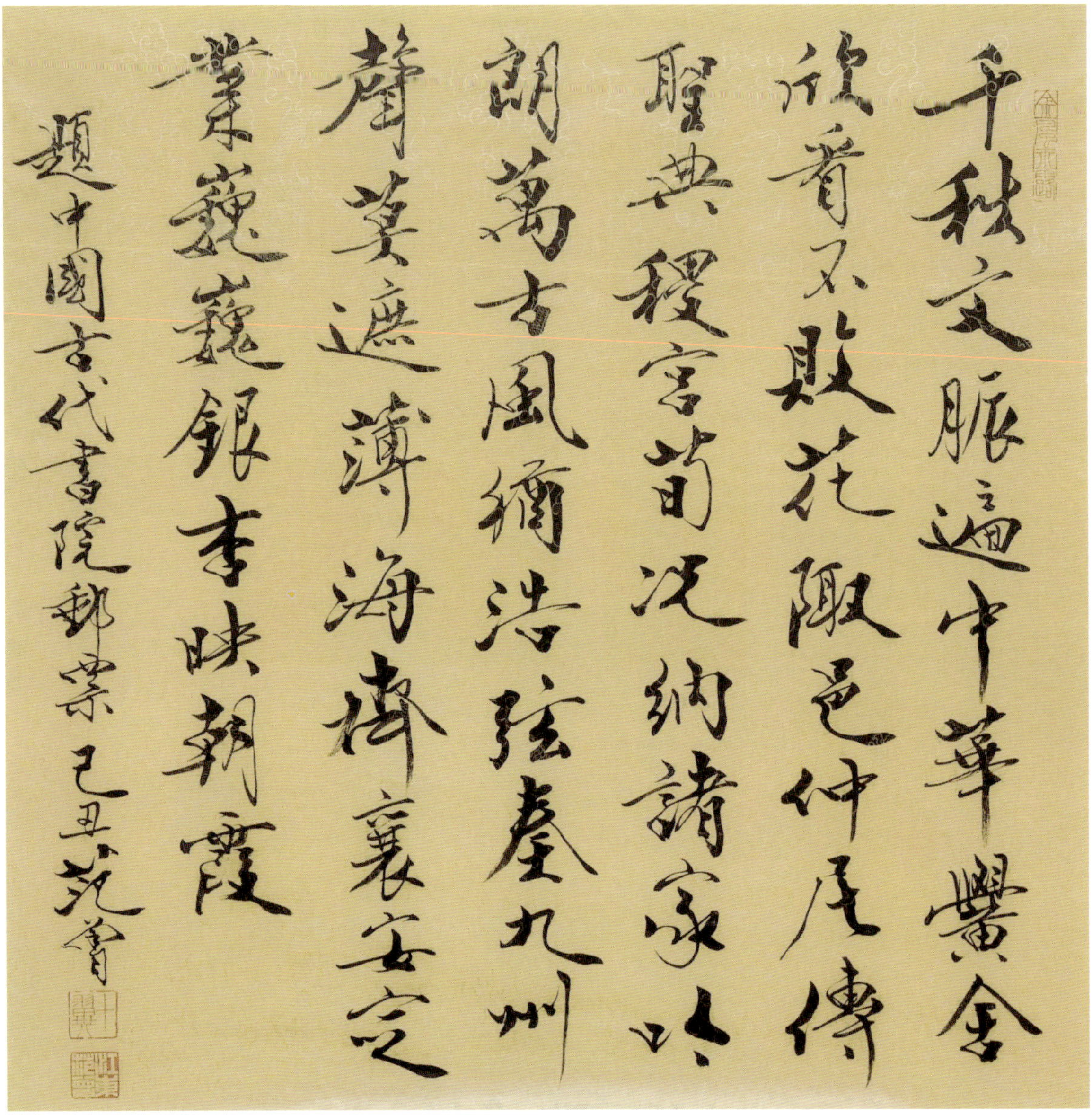

题中国古代书院邮票

胡瑗聽誦

後赤壁賦

臨江賦詩

中國古代書脈

邮票篇：鸿雁传书

鴻雁傳書

范曾題

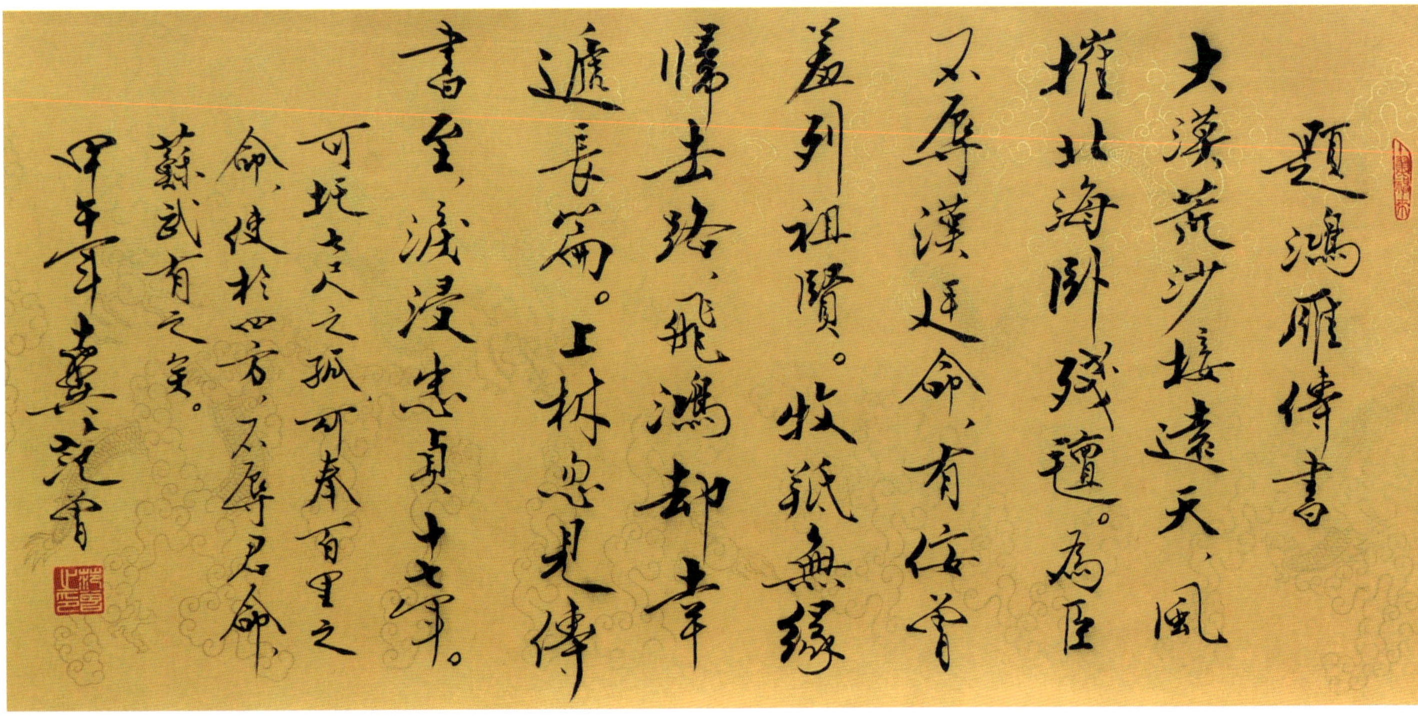
題鴻雁傳書
大漠荒沙接遠天、風摧北海臥殘氈。為臣不辱漢廷命、有信曾羞列祖賢。牧羝無緣歸去路、飛鴻卻幸遞長篇。上林忽見傳書至、淚浸忠貞十九年。
可托六尺之孤、可寄百里之命、使於四方、不辱君命、蘇武有之矣。

题鸿雁传书

苏 武 （?—前60）

西汉杜陵(今陕西西安东南)人，字子卿。天汉元年(前100年)，任中郎将，奉命出使匈奴，因其副使张胜参加匈奴的内部斗争，而受牵连，匈奴多方威胁诱降，又被迁至北海(今贝加尔湖)边牧羊。坚持十九年不屈。始元六年(前81年)，因匈奴与汉和好被遣回朝。任典属国。卒年八十余。

（摘自2011年版《辞海》）

《鸿雁传书》邮票原稿

2014-9　鸿雁传书

面　　值：1.20元
规　　格：50mm×30mm
齿孔度数：P13
设 计 者：范　曾
雕 刻 者：尹晓飞
版　　别：胶雕套印
印刷机构：北京邮票厂

鸿雁传书
CHINA 中国邮政
1.20
01158280

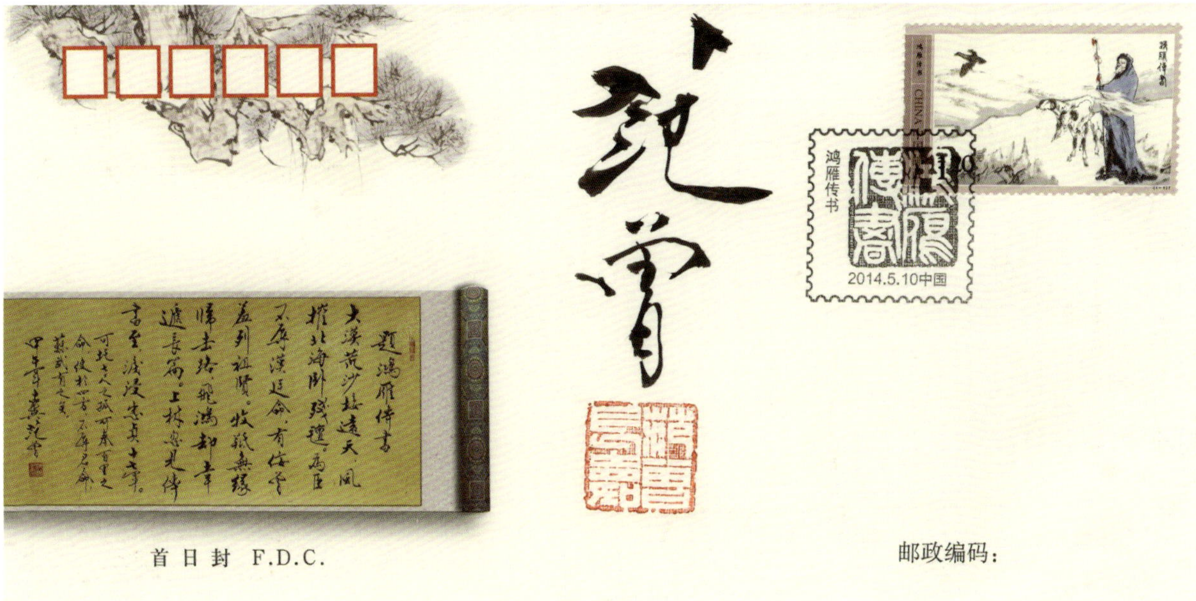

首日封设计　邹玉利

鴻鴈傳書

邮票篇：朱熹诞辰八百八十周年

大儒風範

范曾題

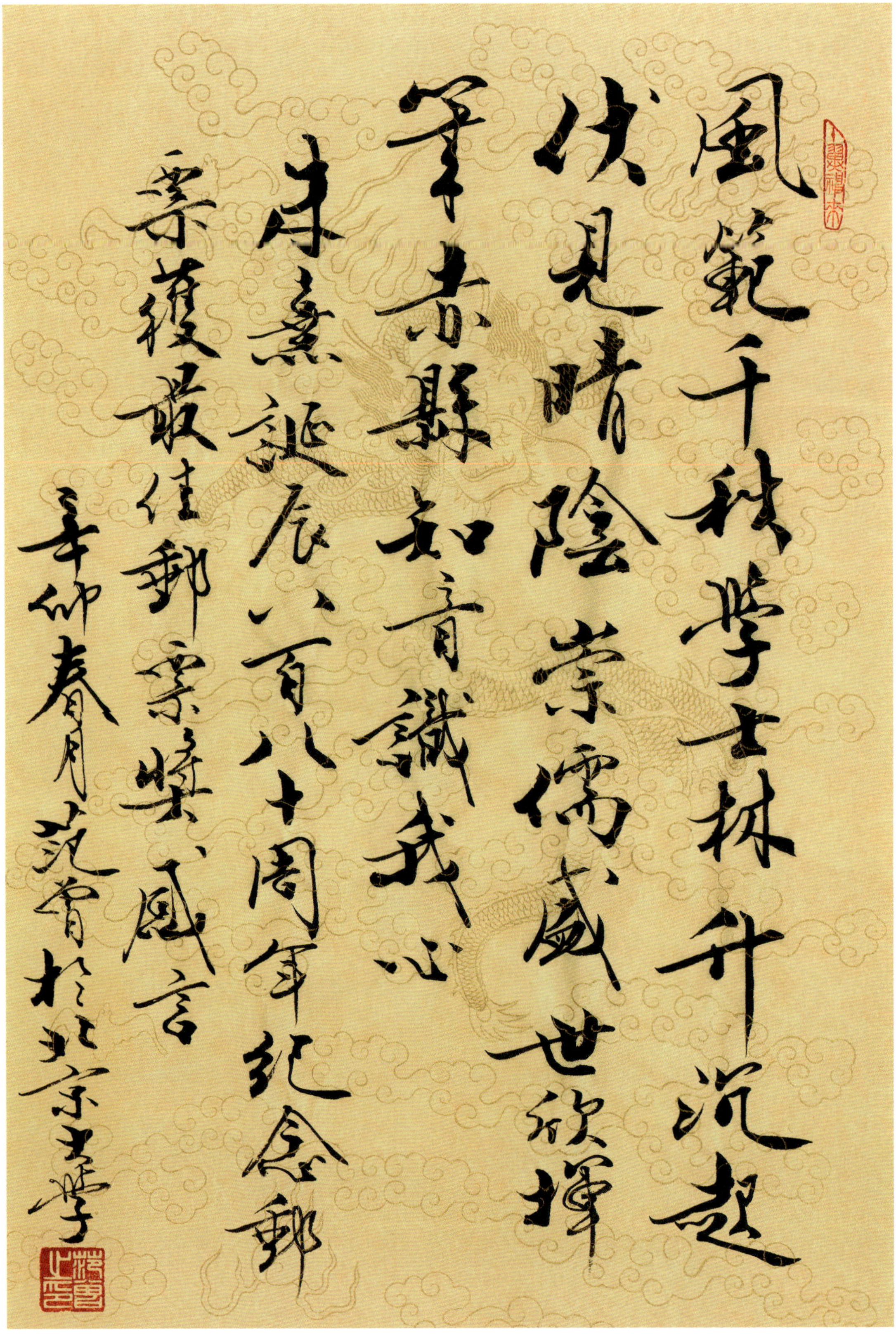
風範千秋學士林
升沉起伏見晴陰
崇儒盛世欲揮筆
赤縣知音識我心
朱熹誕辰八百八十周年紀念郵
票獲最佳郵票奬感言
辛卯春月范曾於北京

范曾先生获奖感言

朱 熹 (1130—1200)

南宋哲学家、教育家。字元晦，一字仲晦，号晦庵，别称紫阳。祖籍徽州婺源(今属江西)，生于南剑州尤溪(今属福建)，侨寓建阳(今属福建)。任秘阁修撰等职。主张抗金，并强调准备。师事李侗，为二程(颢、颐)四传弟子。博极群书，广注典籍，对经学、史学、文学、乐律以至自然科学有不同程度贡献。在哲学上发展了二程关于理气关系的学说集理学之大成，建立了一个完整的理学体系，世称程朱学派。认为理气相依而不能相离，“天下未有无理之气，亦未有无气之理”。但又断言：“理在先，气在后”；“有是理便有是气，但理是本。”把一理和万理看作“理一分殊”的关系。提出“凡事无不相反以相成”，事物“只是一分为二，节节如此，以至于无穷，皆是一生两尔”。强调知先行后，但又认为“知行相须”，注意到行在认识中的重要性。强调“天理”和“人欲”的对立，要求人们放弃“私欲”，服从“天理”。从事教育五十余年，强调启发式。吸收当时科学成果，提出了对自然界变化的某些见解，如关于阴阳二气的宇宙演化说，如从高山上残留的螺蚌壳论证地质变迁(原为海洋)等。他的理学一直成为后来统治阶级的理论，在明清两代被提到儒学正宗的地位。他的博览和精密分析的学风对后世学者很有影响。日本在江户时代，“朱子学”也颇流行。著作有《四书章句集注》《周易本义》《诗集传》《楚辞集注》，及后编纂的《晦庵先生朱文公文集》和《朱子语类》等多种。

（摘自2011年版《辞海》）

《朱熹诞生八百八十周年》邮票
第1枚“朱熹像”原稿

2010-26（2-1）J　朱熹诞生八百八十周年　朱熹像

面　　值：1.20元
规　　格：30mm×50mm
齿孔度数：P13.5
设 计 者：范　曾
雕 刻 者：阎炳武
篆　　刻：王玉忠
版　　别：胶雕套印
印刷机构：北京邮票厂

《朱熹诞生八百八十周年》邮票
第2枚“游学传道”原稿

2010-26（2-2）J　朱熹诞生八百八十周年　游学传道

面　　值：1.20元
规　　格：30mm×50mm
齿孔度数：P13.5
设 计 者：范　曾
雕 刻 者：阎炳武
篆　　刻：王玉忠
版　　别：胶雕套印
印刷机构：北京邮票厂

第31届全国最佳邮票评选纪念
In Commemoration of the 31th National Stamp Popularity Poll
1.20元
中国邮政
CHINA
1.20元
中国邮政
2011年4月·马鞍山

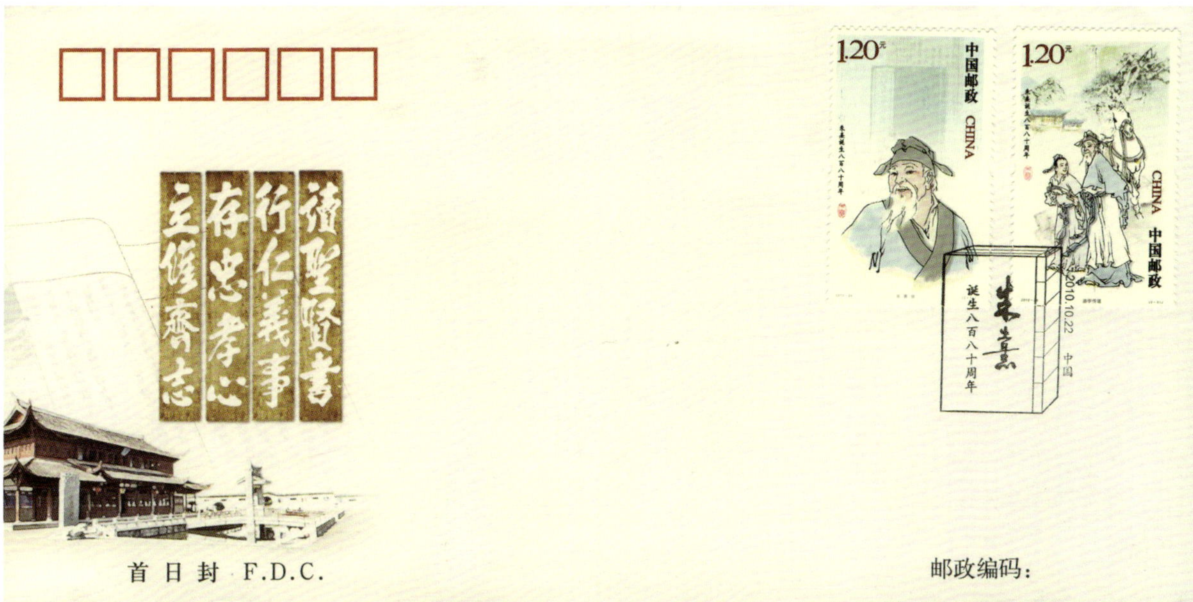
读圣贤书
行仁义事
存忠孝心
立修齐志
1.20元
中国邮政
CHINA
朱熹
诞生八百八十周年
2010.10.22 中国
首日封 F.D.C.
邮政编码：

朱熹诞生八百八十周年
1.20元
中国邮政
CHINA
北京邮票厂
0623910

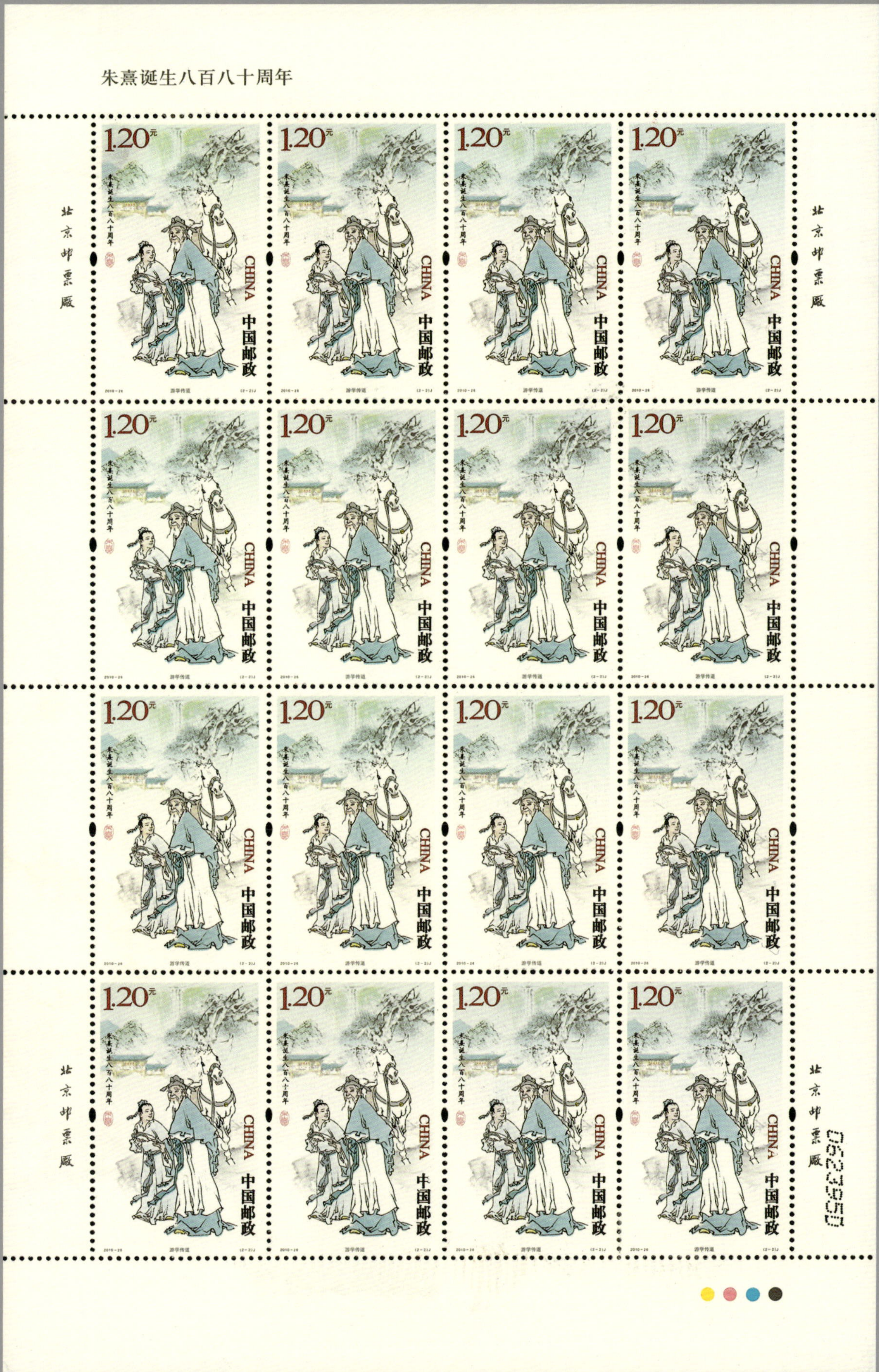
朱熹诞生八百八十周年
北京邮票厂
1.20元
CHINA
中国邮政
游学传道

邮票篇：琴棋书画

文苑逸興

范曾題

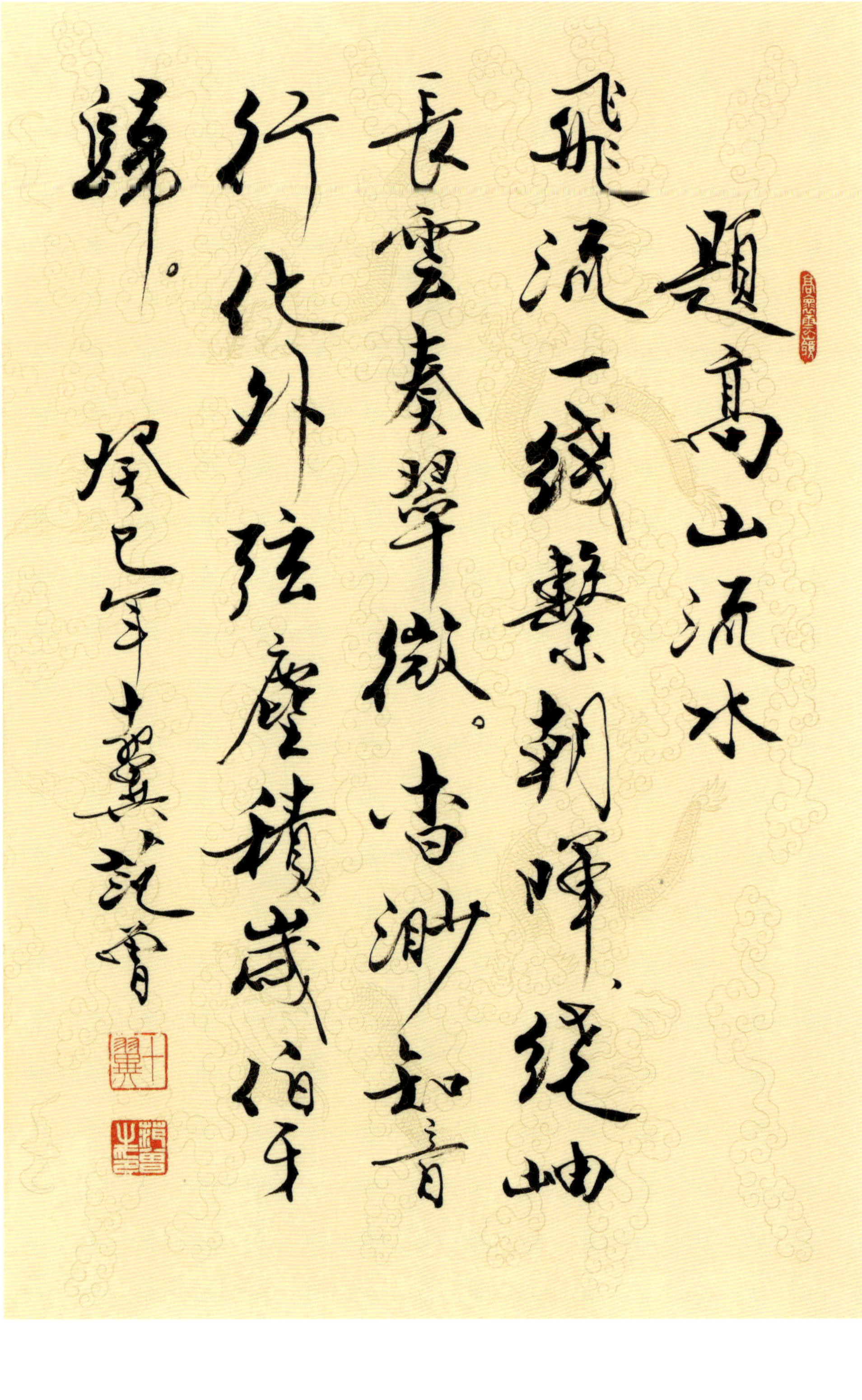
題高山流水
飛流一綫繫朝暉、繞曲
長雲奏翠微。高渺知音
行化外弦塵積歲佰年
歸。

伯牙　钟子期

伯牙与钟子期是一对千古传诵的至交典范。伯牙善于演奏，钟子期善于欣赏。这就是“知音”一词的由来。后钟子期因病亡故，伯牙悲痛万分，认为世上再无知音，天下再不会有人像钟子期一样能体会自己演奏的意境。所以就“破琴绝弦”，把自己最心爱的琴摔碎，终生不再弹琴了。

《琴棋书画》邮票
第1枚“高山流水”原稿

2013-15（4-1）T　琴棋书画　高山流水

面　　值：1.20元
规　　格：33mm×44mm
齿孔度数：P13.5
设 计 者：范　曾
版　　别：影写版
印刷机构：北京邮票厂

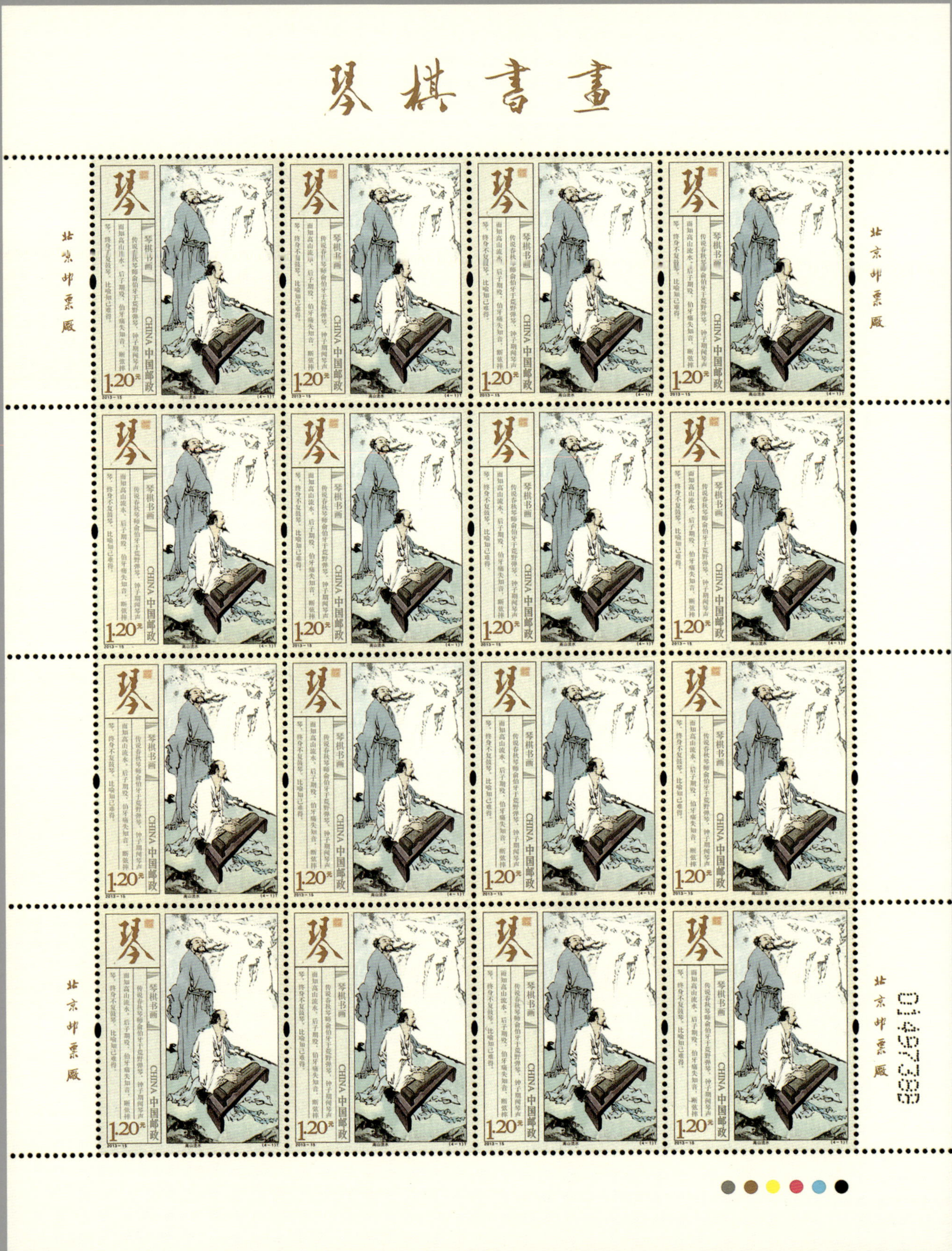
琴棋書畫
琴
琴棋书画
传说春秋琴师俞伯牙于荒野弹琴，钟子期闻琴声而知高山流水。后子期殁，伯牙痛失知音，断弦摔琴，终身不复鼓琴。比喻知己难得。
CHINA 中国邮政
1.20元
2013-15
高山流水
(4-1)T
北京邮票厂

琴棋書畫
北京邮票厂
055576C

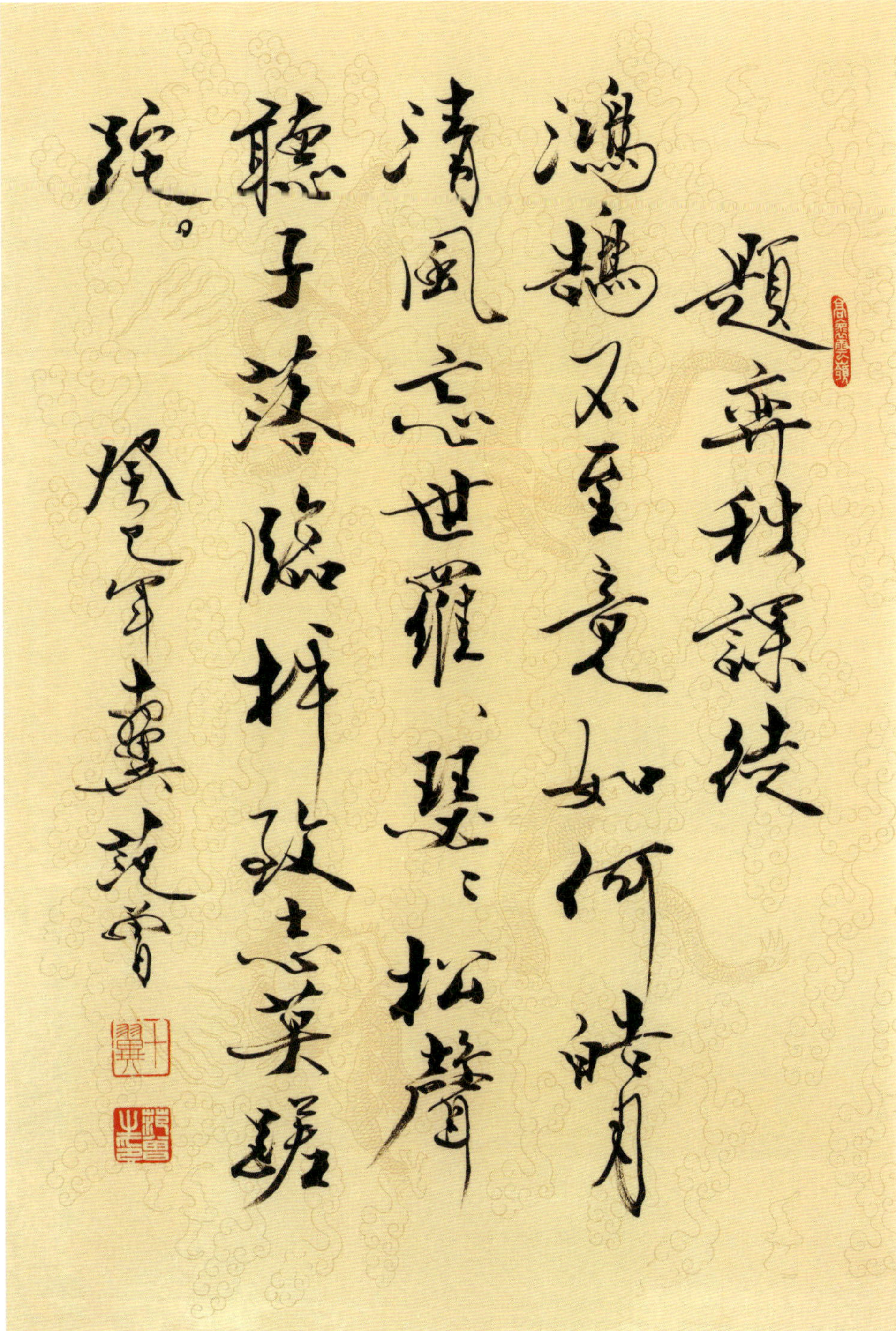
題弈秋課徒
鴻鵠不至竟如何皓月清風忘世羅瑟瑟松聲聽子落臨枰致志莫蹉跎
癸巳年十翼范曾

奕秋

弈秋是第一个史上有记载的围棋专业棋手，也是史上第一个有记载的从事教育的围棋名人。关于弈秋的姓名，清代学者焦循《孟子正义》里作有说明：古之以技传者，每称之为名，如医和、卜徒父是也。此名弈秋，故知秋为其名，因通国皆谓之善弈，故以弈加名称之。弈秋是见于史籍记载的第一位棋手。关于他的记载，最早见于《孟子》。由此推测，弈秋可能是与孟子同时的人，也可能稍早一些，由此也可以推测他大约生活在战国初期。孟子称弈秋为“通国之善弈者”。弈秋是当时诸侯列国都知晓的国手，棋艺高超，《弈旦评》推崇他为国棋“鼻祖”。

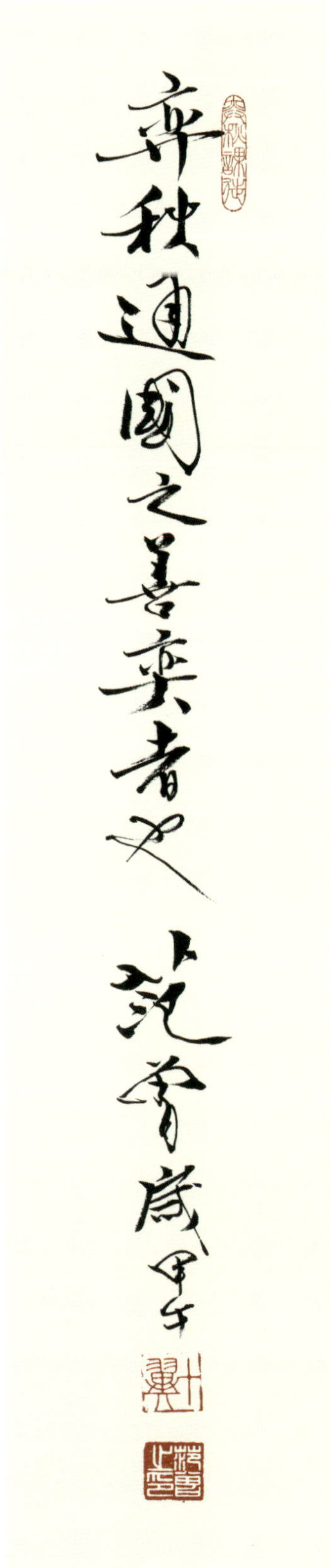

《琴棋书画》邮票
第2枚“弈秋课徒”原稿

2013-15（4-2）T　琴棋书画　弈秋课徒

面　　值：1.20元
规　　格：33mm×44mm
齿孔度数：P13.5
设 计 者：范　曾
版　　别：影写版
印刷机构：北京邮票厂

琴棋書畫

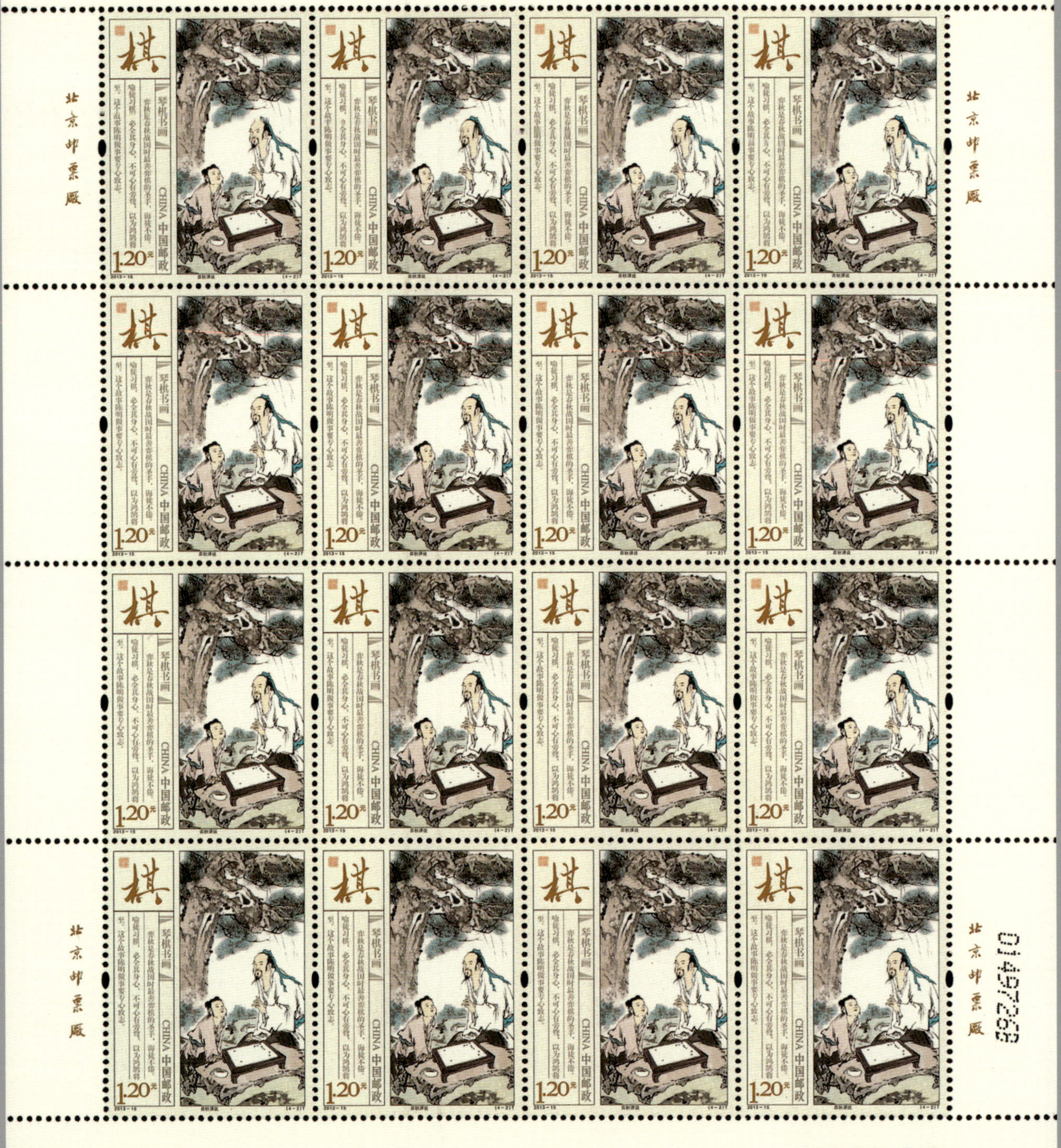

琴棋書畫
音乐的大音希声，对弈的执黑守白，书画的笔墨丹青，都是中华传统文化中所追求的清雅之境，以精神修炼为主旨的琴棋书画是中国传统艺术文化的瑰宝，也是对东方文质和谦谦君子的华美诠释。文质兼修，便是东方君子的精英品位和智慧哲学。

设计　王虎鸣

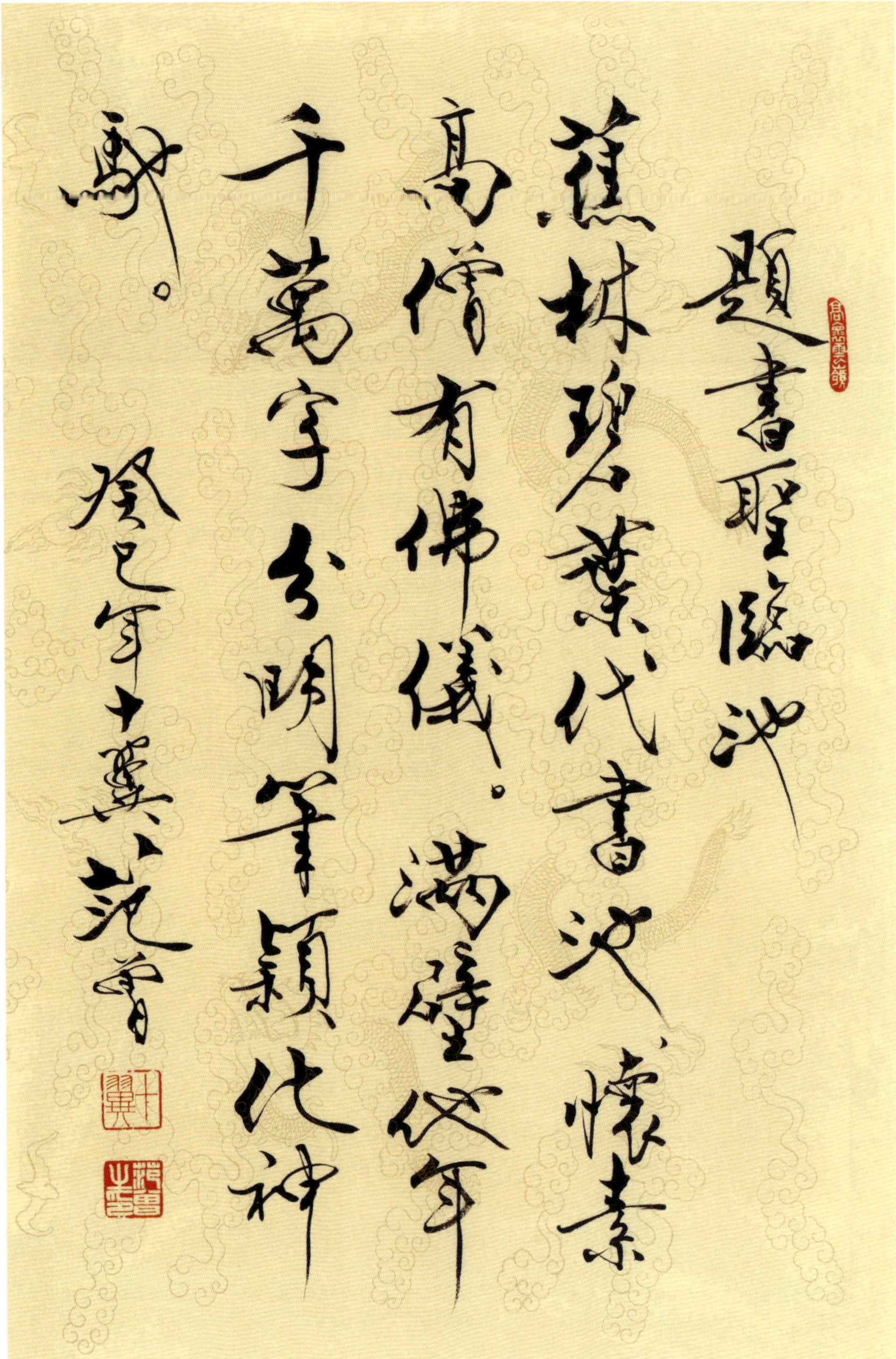

怀 素 (725—785, 一作737—799)

唐书法家。僧人。字藏真，本姓钱，长沙(今属湖南)人。精勤学书，以善“狂草”出名。相传秃笔成冢，并广植芭蕉，以蕉叶代纸练字，因名其所居曰“绿天庵”。好饮酒，兴到运笔，如骤雨旋风，飞动圆转，虽多变化，而法度具备。晚年趋于平淡。前人评其狂草继承张旭，而有所发展，谓“以狂继颠”，并称“颠张醉素”，对后世影响很大。存世书迹有《自叙帖》《苦笋帖》《论书帖》等。

（摘自2011年版《辞海》）

《琴棋书画》邮票
第3枚“怀素临池”原稿

2013-15（4-3）T　琴棋书画　怀素临池

面　　值：1.20元
规　　格：33mm×44mm
齿孔度数：P13.5
设 计 者：范　曾
版　　别：影写版
印刷机构：北京邮票厂

琴棋書畫
北京邮票厂
01497728
书
琴棋书画
中国邮政 CHINA
1.20元

首日封设计　邹玉利

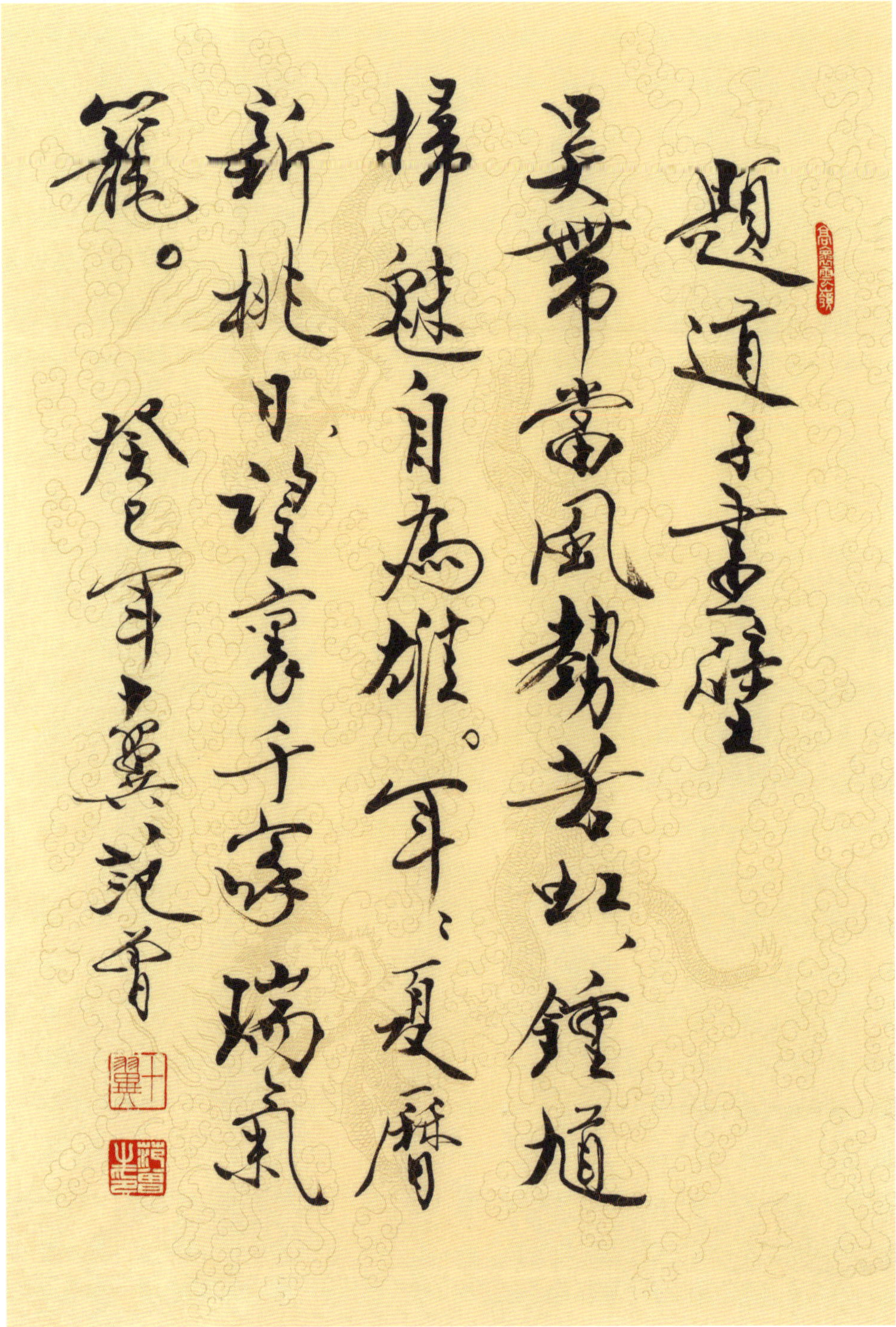
題道子畫壁
吳帶當風勢若虹，鍾馗
掃魅自為雄。年年夏曆
新桃日，望裏千家瑞氣
籠。
癸巳年于冀范書

吴道子

唐画家。阳翟(今河南禹州)人。少孤贫，年未弱冠，穷丹青之妙。曾在韦嗣立处当小吏，做过兖州瑕丘(今山东兖州)县尉。漫游洛阳时，玄宗闻其名，任以内教博士，改名道玄，在宫廷作画。乾元初尚在。擅画佛道人物，笔迹磊落，势状雄峻，生动而有立体感。曾在长安、洛阳寺观作佛道宗教壁画三百余间，情状各不相同。用状如兰叶或状如莼菜条的笔法来表现衣褶，有飘举之势，人称“吴带当风”，用焦墨勾线略加淡彩设色，又称“吴装”。后人把他和张僧繇并称“疏体”，以区别于东晋顾恺之、南朝宋陆探微劲紧连绵的“密体”。对其后的宗教人物画和雕塑，都有很大影响。也画山水，张彦远认为“山水之变，始于吴，成于二李”。画塑兼工，千百年来被奉为“画圣”。存世《送子天王图》为宋摹本;另有不少线描石刻,大都是迭经翻摹之本或托名伪作。

(摘自2011年版《辞海》)

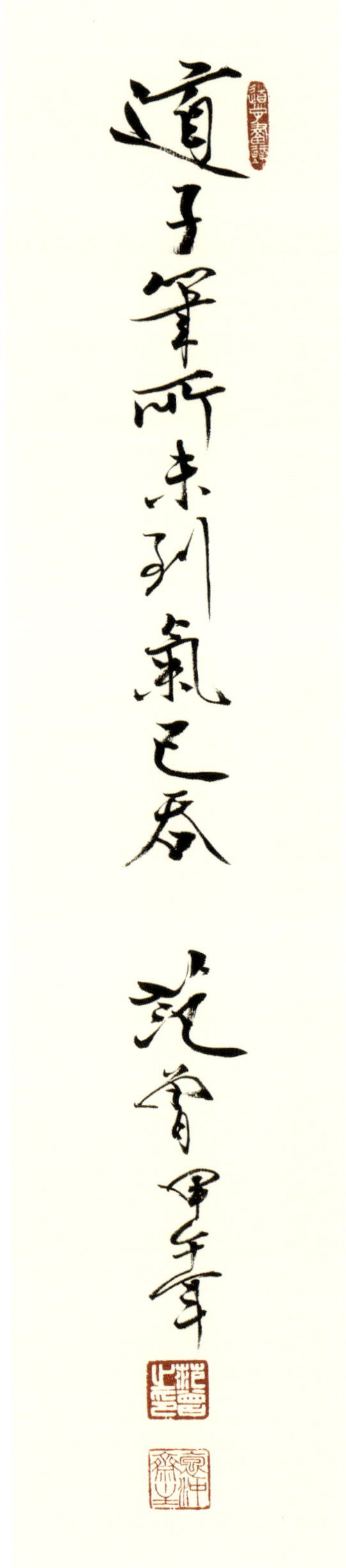

《琴棋书画》邮票
第4枚“道子画壁”原稿

2013-15（4-4）T　琴棋书画　道子画壁

面　　值：1.20元
规　　格：33mm×44mm
齿孔度数：P13.5
设 计 者：范　曾
版　　别：影写版
印刷机构：北京邮票厂

琴棋書畫
畫
琴棋书画
唐代画圣吴道子，擅画人物、神鬼、山水、鸟兽、草木、楼阁等，尤精于佛道人物，长于壁画创作。
CHINA 中国邮政
1.20元
2013-15
(4-4)T
北京郵票廠

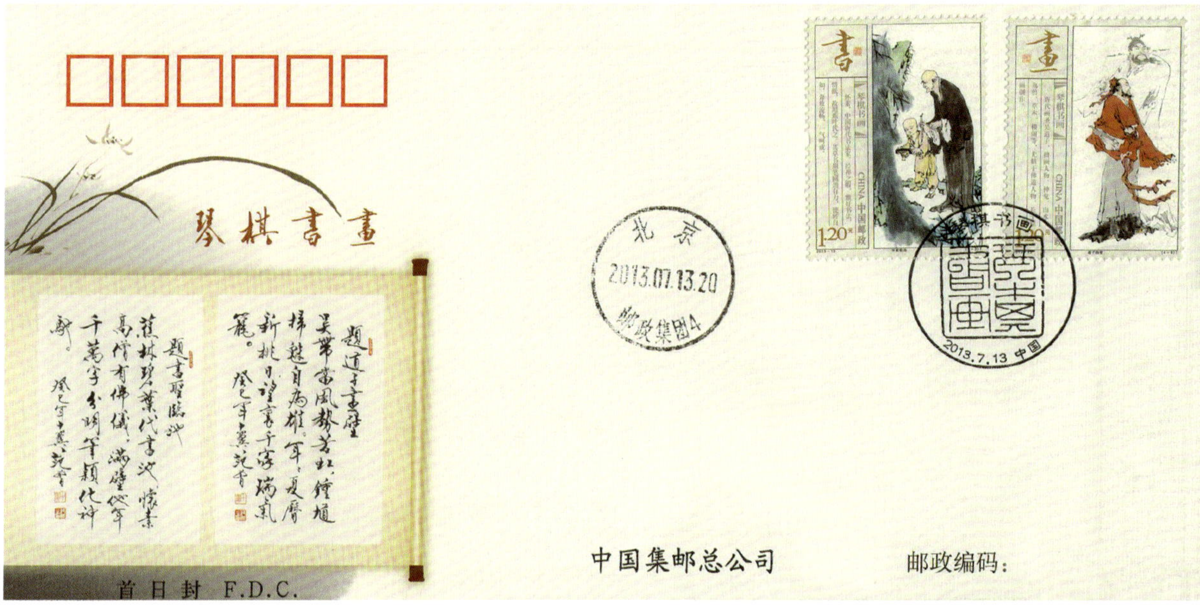

首日封设计　邹玉利

邮票篇：世界法医学奠基人——宋慈

神探渊源

丙申年 范曾题

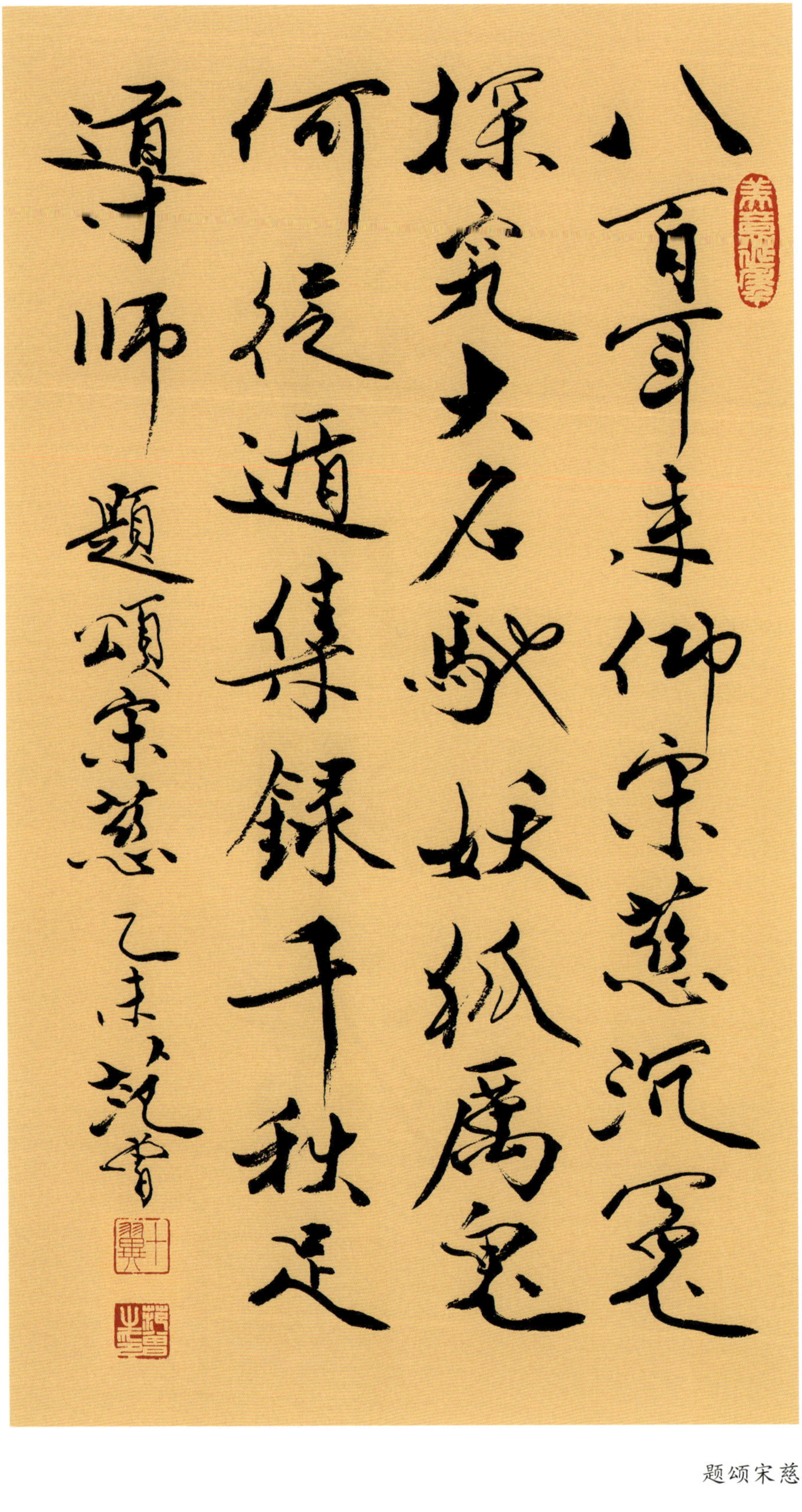

题颂宋慈

宋慈 (1186—1249)

宋建阳(今属福建)童游里人。字惠父。曾任广东、湖南等提点刑狱官。办案着重实地检验。他总结了宋代和以前法医方面的经验，再加上本人四任法官期间检验的心得，在1247年编著《洗冤集录》五卷，这是世界最早的法医学专著。

(摘自2011年版《辞海》)

《世界法医学奠基人——宋慈》邮票
第1枚“宋慈像”原稿

2016-7（2-1）J　世界法医学奠基人——宋慈　宋慈像

面　　值：1.20元
规　　格：33mm×44mm
齿孔度数：P13.5
设 计 者：范　曾
雕 刻 者：白　金 刘益民
版　　别：胶雕套印
印刷机构：河南省邮电印刷厂

《世界法医学奠基人——宋慈》邮票
第2枚“著书立说”原稿

2016-7（2-2）J　世界法医学奠基人——宋慈　著书立说

面　　值：1.50元
规　　格：33mm×44mm
齿孔度数：P13.
设 计 者：范　曾
雕 刻 者：白　金 刘益民
版　　别：胶雕套印
印刷机构：河南省邮电印刷厂

世界法医学奠基人—宋慈
CHINA
中国邮政
世界法医学奠基人—宋慈
1.20元
2016-7
(2-1)J
河南省邮电印刷厂
0172

世界法医学奠基人—宋慈
中国邮政
CHINA
1.50元
世界法医学奠基人——宋慈
2016-7
(2-2)J
河南省邮电印刷厂

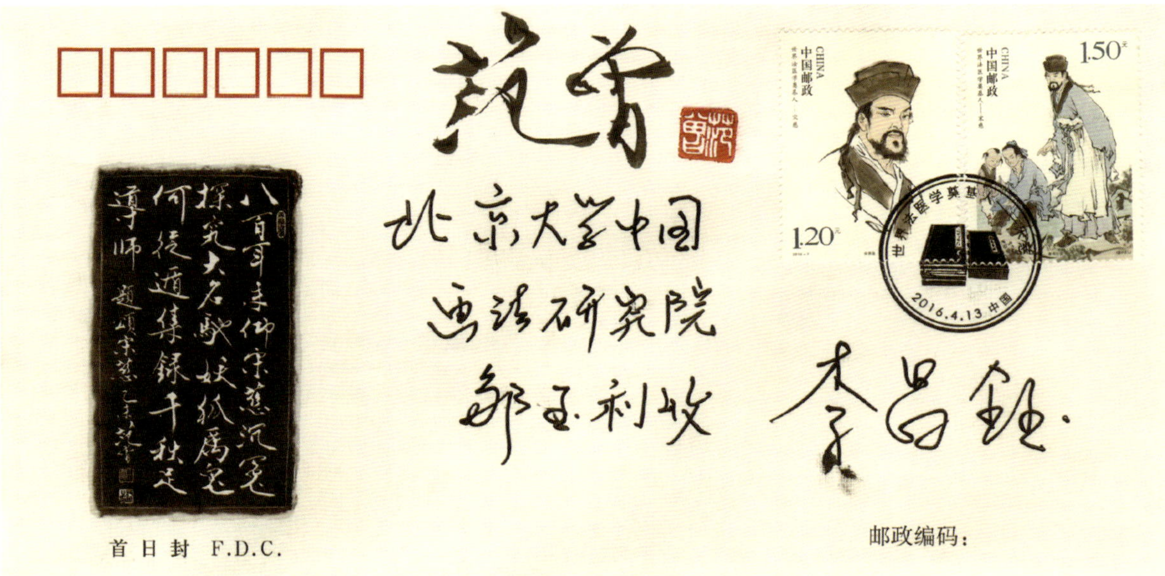

首日封设计　邹玉利

中国集邮总公司发行四方联邮折

外篇

附录

詩人之年 金虎呈祥
范曾大师庚寅年十二幅虎子图集锦
中国邮政
CHINA
80分

月宫荣辉 玉兔呈祥
范曾大师辛卯年十二幅玉兔图集锦

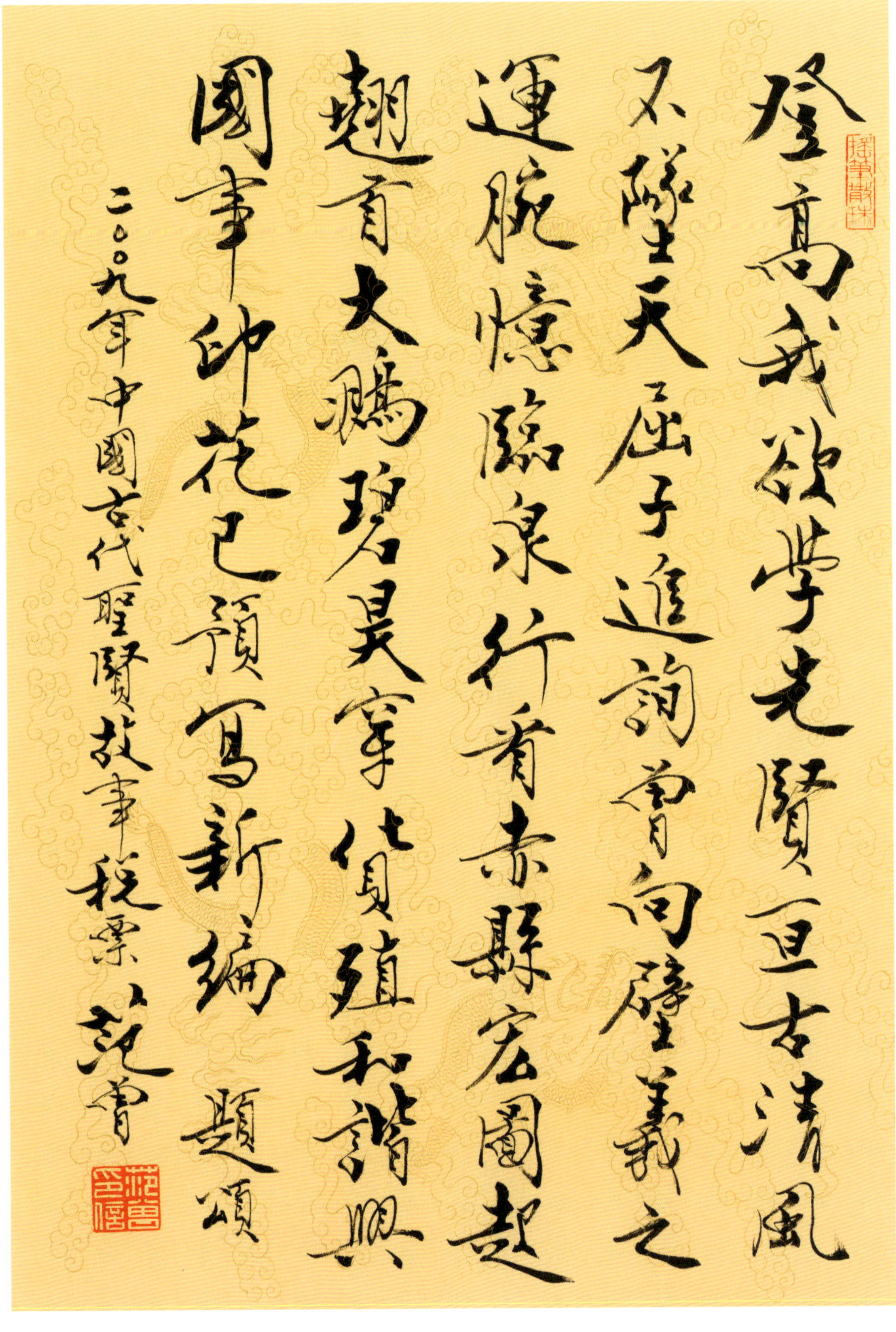

题《中国古代圣贤故事》税票

中国印花税票
中国古代圣贤故事
诚信纳税
中国印花税票 CHINA
100元
50元
10元
5元
2元
1元
5角
2角

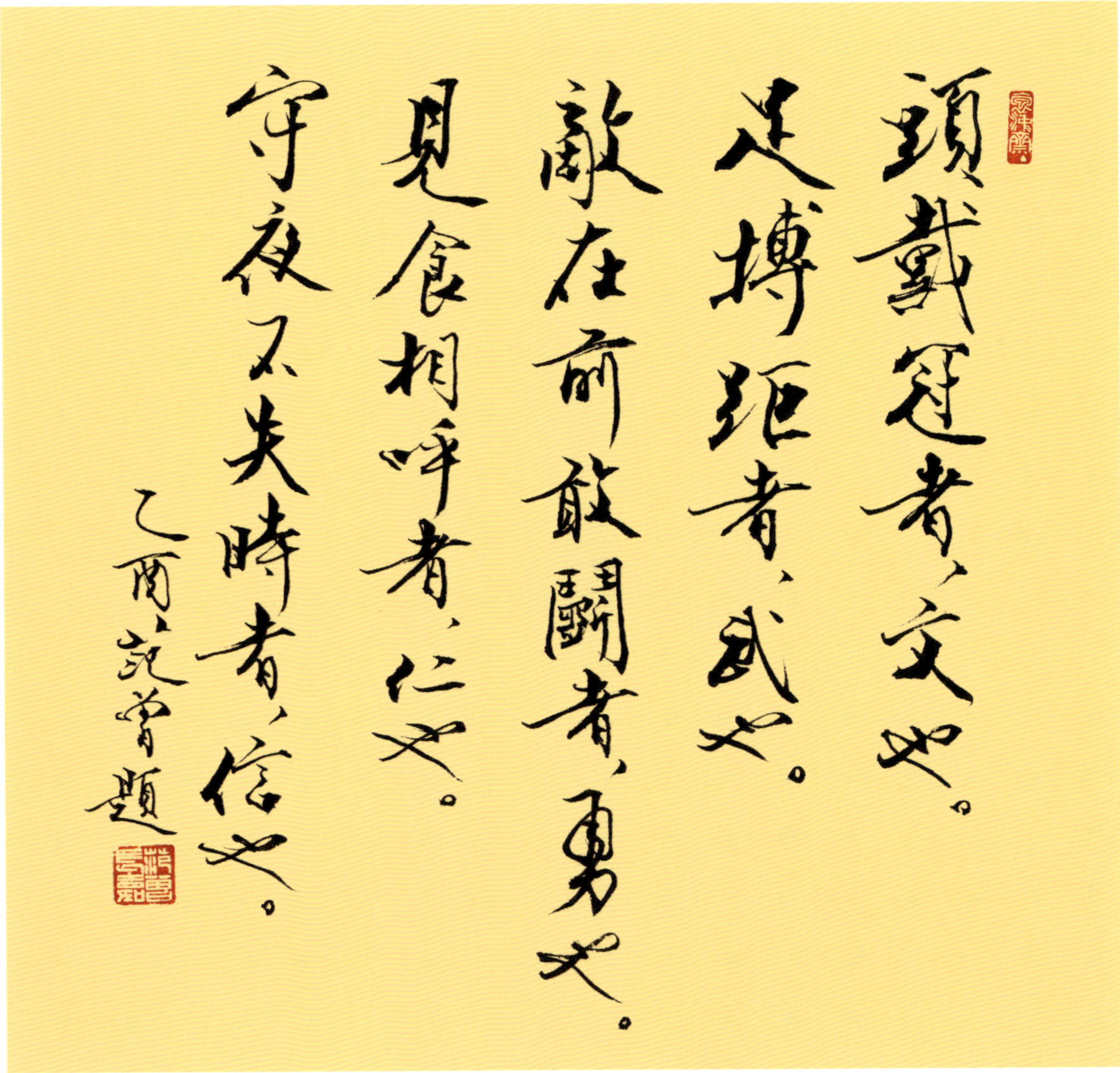
頭戴冠者，文也。
足搏距者，武也。
敵在前敢鬬者，勇也。
見食相呼者，仁也。
守夜不失時者，信也。
乙酉
题

12345678
丁酉年
站台票
副券
中国铁路
CHINA RAILWAY
2元

中国铁路
CHINA RAILWAY
12345678
2元
站台票
副券

雞有五德勇
其一也 丙申 范曾寫

中国铁路
CHINA RAILWAY
6元
丁酉年
站台票
副券

2015年最佳邮票评选发奖大会
中华全国集邮联合会　中国邮政文史中心
人民日报社　工人日报社
中央电视台　中国青年报社
中国集邮总公司　人民邮电出版社
中国邮政集团公司邮票印制局　人民邮电报社
第36届全国最佳邮票评选纪念
2016·4 贵州·贵阳

2015年最佳邮票评选纪念
中华全国集邮联合会　中国邮政文史中心
人民日报社　工人日报社
中央电视台　中国青年报社
中国集邮总公司　人民邮电出版社
中国邮政集团公司邮票印制局　人民邮电报社
第36届全国最佳邮票评选纪念
2016·2·15 — 3·15

设计　王虎鸣

中国邮政
CHINA POST
全国最佳邮票评选徽志（2009）
邮政编码

贴邮票处
全国最佳邮票评选委员会
邮政编码

2016年最佳邮票评选纪念
中华全国集邮联合会　中国邮政文史中心
人民日报社　工人日报社
中央电视台　中国青年报社
中国集邮总公司　人民邮电出版社
中国邮政集团公司邮票印制局　人民邮电报社

2016年最佳邮票评选发奖大会
中华全国集邮联合会　中国邮政文史中心
人民日报社　工人日报社
中央电视台　中国青年报社
中国集邮总公司　人民邮电出版社
中国邮政集团公司邮票印制局　人民邮电报社

设计　王虎鸣

中国邮政
CHINA POST
临别赠礼
全国最佳邮票评选徽志（2009）
邮政编码

贴邮票处
神猴献寿
全国最佳邮票评选委员会
邮政编码

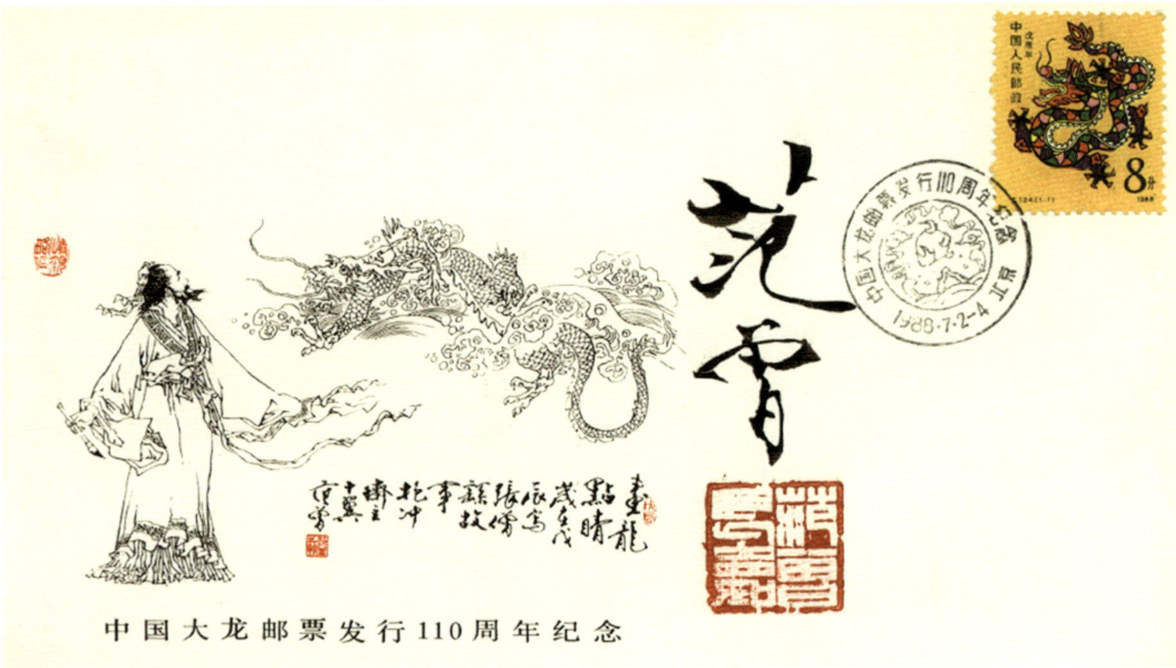
中国大龙邮票发行110周年纪念

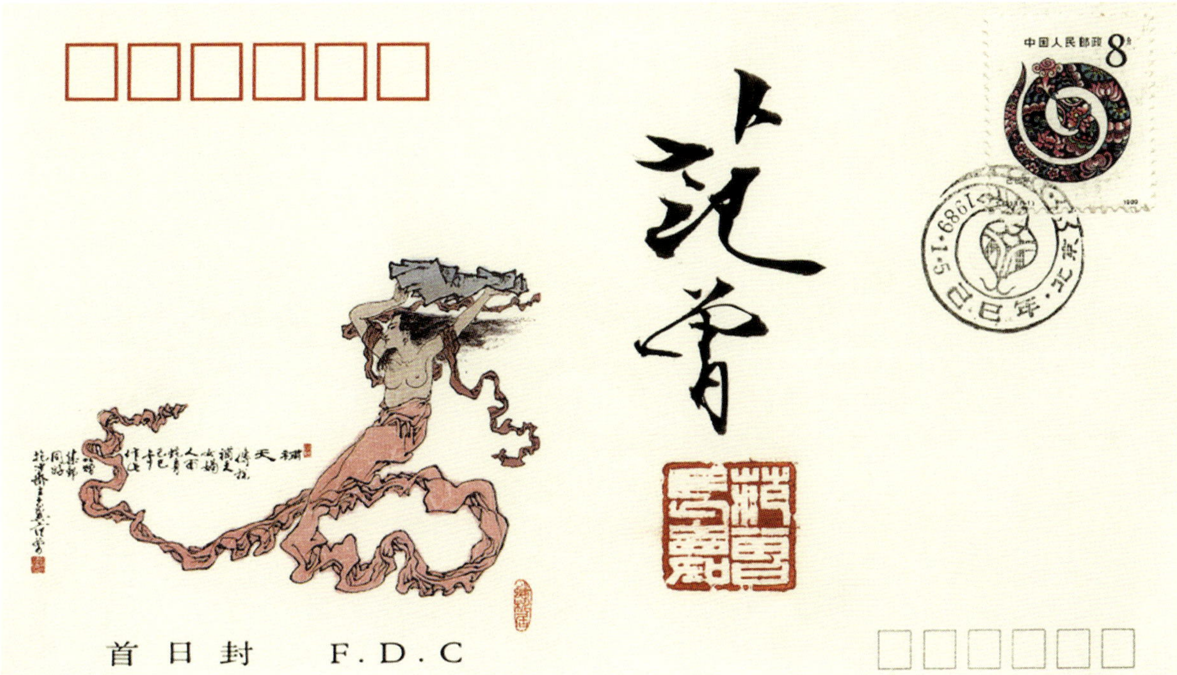
中国人民邮政
8
范曾
首日封 F.D.C

文姬归汉
北京邮票厂
纪念郭沫若诞辰125周年

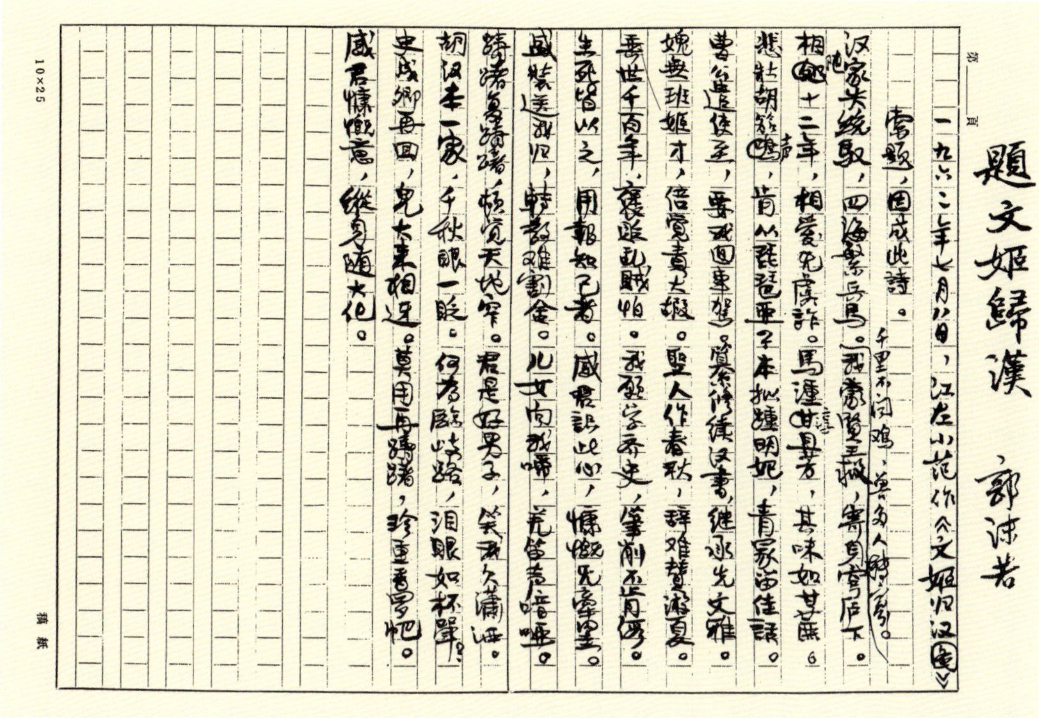

题文姬归汉 郭沫若

一九六二年七月八日，江左小范作《文姬归汉图》索题，因成此诗。

汉家失统驭，四海纷兵马。千里不闻鸡，英多入胡寡。文姬罹王难，寄身穹庐下。相处十二年，相爱无虞诈。马湩甘且芳，其味如甘蔗。悲壮胡笳声，肯从琵琶亚。子本拟嫱明妃，青冢留佳话。曹公遣使至，要我回车驾。赓续修汉书，继承先文雅。婉无班姬才，倍觉责大假。圣人作春秋，辞难赞游夏。垂世千百年，褒贬乱贼怕。我亟字旁史，笔削不肯假。生死皆以之，用报知己者。感君识此心，慷慨先启驾。盛装送我归，骨肉难割舍。儿女向我啼，无留声暗哑。踌躇复踌躇，顿觉天地窄。君是好男子，笑我久潇洒。胡汉本一家，千秋眼一眨。何为临歧路，泪眼如杯斝。史成卿再回，儿大来相迓。莫用再踌躇，珍重吾梦把。感君慷慨意，纵身随大化。

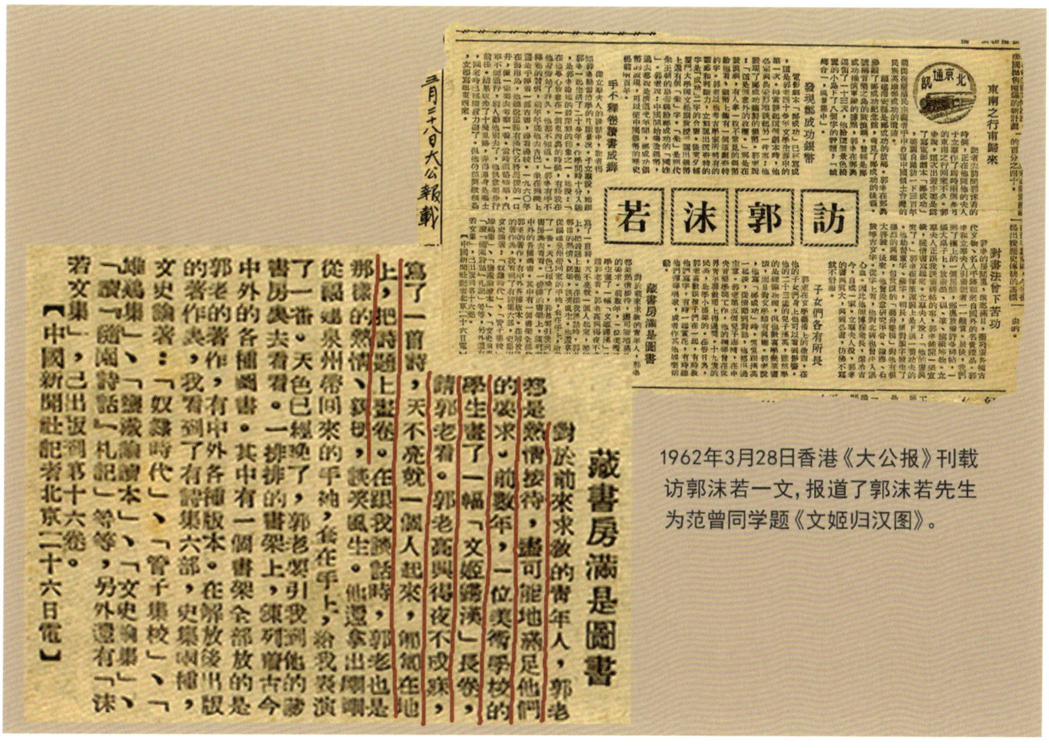

三月二十八日大公報載

訪郭沫若

東南之行南歸來

對書法曾下苦功

發現鄭成功銀幣

手不釋卷讀書成癖

子女們各有所長

藏書房滿是圖書

對於前來求教的青年人，郭老總是熱情接待，盡可能地滿足他們的要求。前數年，一位美術學校的學生畫了一幅「文姬歸漢」長卷，請郭老看。郭老高興得夜不成寐，寫了一首詩，天不亮就一個人起來，鄭重地上，把詩題上畫卷。在跟我談話時，郭老也是那樣的熱情、親切，談笑風生。他還拿出剛剛從福建泉州帶回來的手杖，拿在手上，給我表演了一番。天色已經晚了，郭老又引我到他的藏書房去看看。一排排的書架上，陳列着古今中外的各種圖書。其中有一個書架全部放的是郭老的著作，有中外各種版本。在解放後出版的著作表，我看到了有詩集六部，史劇兩種，文史論著：「奴隸時代」、「管子集校」、「蜩螗集」、「鹽鐵論讀本」、「文史論集」、「讀「隨園詩話」札記」等等，另外還有「沫若文集」，已出版到第十六卷。【中國新聞社記者北京二十六日電】

1962年3月28日香港《大公报》刊载访郭沫若一文，报道了郭沫若先生为范曾同学题《文姬归汉图》。

图书在版编目（CIP）数据

信天游：范曾先生与中国邮票 / 邹玉利编著. ——北京：人民邮政出版社，2017.7
ISBN 978-7-115-46316-6

I. ①信… II. ①邹… III. ①邮票－介绍－中国 IV. ①G894.1

中国版本图书馆CIP数据核字（2017）第134945号

内容提要

本书主要介绍了范曾所设计或参与设计的7套邮票的情况和这些邮票的背后故事。从邮票的立项、选题、设计思路、设计过程、邮票成品、社会反响、市场等多方面向读者进行了系统的介绍。除了邮票之外，本书还介绍了范曾所设计过的最佳邮票评选纪念张、税票和中国铁路站台票。希望通过介绍这些票证的设计能够让读者更加系统的了解、认识范曾。

◆ 编　　著：邹玉利
　责任编辑：马臻杰
　执行编辑：肖　明
　责任印制：周昇亮
◆ 人们邮电出版社出版发行　　北京市丰台区成寿寺路11号
　邮编：100164　　电子邮件：315@ptpress.com.cn
　网址：http://www.ptpress.com.cn
　北京雅昌艺术印刷有限公司印刷
◆ 开本：889×1194　　1/16
　印张：13.25　　2017年7月第1版
　字数：140千字　　2017年6月第1次印刷

定价：180.00元

读者服务热线：（010）81055338 印装质量热线：（010）81055316
反盗版热线：（010）81055315
广告经营许可证：京东工商广登字20170147号